Heinrich Karl Wilheim Berghaus

Wallfahrt durchs Leben

Vom Baseler Frieden bis zur Gegenwart von einem Sechsundsechsziger

Heinrich Karl Wilheim Berghaus

Wallfahrt durchs Leben
Vom Baseler Frieden bis zur Gegenwart von einem Sechsundsechsziger

ISBN/EAN: 9783743620544

Hergestellt in Europa, USA, Kanada, Australien, Japan

Cover: Foto ©ninafisch / pixelio.de

Manufactured and distributed by brebook publishing software (www.brebook.com)

Heinrich Karl Wilheim Berghaus

Wallfahrt durchs Leben

Wallfahrt durch's Leben

vom

Baseler Frieden bis zur Gegenwart.

Von einem

Sechsundsechsziger.

Achter Band.

Leipzig,
Hermann Costenoble.
1862.

Inhaltsverzeichniss.

In den Alpen.
Briefe und Denkblätter aus dem Jahre 1856.

___

10.

Am 11. Juli, Abends.

Der Eindrücke, die meine Seele in diesem Schlosse empfängt, sind so viele und mannchfaltige, daß ich unendliche Mühe habe, mich in dem Chaos von Empfindungen auf träumerischer Wallfahrt zurecht zu finden; die Eindrücke sind bald anzie= hend, bald wieder abstoßend.

Ich möchte fort, hinauf in die Jöcher und hinüber in andere Thäler, oder gar hinaus in's Land zurück; und der Kopf sagt mir: Alter Freund, je eher, je lieber! Aber es ist ein Etwas da, was mich an dieses Schloß gleichsam bannt!

Was ist dieses Etwas?

Ist's die schöne Prachtlandschaft, in deren Mitte ich lebe? — Nein, die kann's nicht sein,

antwortet eine warnende Stimme, die findeſt Du
eben ſo ſchön, vielleicht noch ſchöner, wenn Du
eine Strecke aufwärts geheſt und dann zur Linken
einbiegſt in's —thal, über deſſen tief eingefurchten
und ſchmalen Boden die ſaftigſten Alpenmatten
ſich erheben, die prachtvollſten Wälder, die blumen=
reichſten Hochalpen, die erhabenſten Schneejöcher
mit ihrer Architektonik himmelanſtrebender Zinken
und Zacken, die mit anderen Formen, welche die
anorgiſche und organiſche Alpenwelt in ſo
großer Manchfaltigkeit entwickelt, der Ornamentik
der mittelalterlichen Baukunſt zum Vorbild gedient
zu haben ſcheint; und von den Schneefeldern
ſtürzen Ströme herab, nicht flüſſigen, ſondern
feſten Waſſers, die Gletſcher mit all' den Erſchei-
nungen, deren Erforſchung in neuerer Zeit ſo
viel zur Erklärung alpiniſcher und allgemein geo=
logiſcher Verhältniſſe beigetragen hat. Und unten im
Thal, ſpricht die Stimme weiter, und an den Hän-
gen der unterſten Bergregion findeſt Du ſtattliche
Dörfer, die Städten gleichen, wie hier im — —thal,
und die großen und kleinen Einzelhöfe, deren Bau=
ſtil von den Baumeiſtern des Flachlandes zu
Landhäuſern und Villen nachgeahmt worden iſt.
Und in dieſen Wohnungen lebt, was Deine Theil=
nahme ganz in Anſpruch nehmen wird, ein Völk=

chen, das wegen seiner körperlichen Stattlichkeit
und Schönheit im Männer= und Weibergeschlecht,
als das erste des ganzen Alpenlandes genannt
und — anerkannt wird. Dorthin zieh', dorthin
entflieh', spricht der Warner! Nein, antwort' ich,
ich thu' es nicht. Deinem gerühmten Thale
fehlt das Belebende, das meinem Thale hier der
große, breite Strom giebt mit seinem Rauschen
auf den Klippen der Schnellen, die der gewiegte
Steuermann des langen und breiten Fahrzeugs
mit großem Geschick zu überwinden weiß.

Oder ist es das Schloß an sich mit all' seinen
Kunstwerken, die der Restaurator der Burg hier
anhäufte und nach den feinsten und zartesten
Regeln der Geschmackslehre aufzustellen und zu
ordnen wußte, sind es diese Schätze; oder ist es
der mit den ausgesuchtesten Werken der Natur=
wissenschaften, der Landes= und allgemeinen Ge=
schichte, der schönen Literatur aller Völker reich
ausgestatte Büchersaal, der mich an dieses Schloß
bannt?

Möglich, fast möcht' ich's glauben!

Und doch sagt die ernstere Erforschung des
Chaos der Empfindungen: Nein, die Schätze der
Kunst und Wissenschaft sind nicht das mysteriöse
Etwas.

Oder ist's gar der materielle Genuß, den des Schlosses Küch' und Keller spenden? Fi donc! hallt's wieder im Innern!

Ist denn noch anderswo die Wünschelruthe anzulegen, die den Fleck errathen ließe, wo das Geheimniß verborgen ruht?

Ich will doch nicht hoffen, alter Freund, spricht der Warner, daß .... O, nein, das ist ein zu dummer Gedanke, ich sprech' ihn nicht aus, obgleich in solchem Falle Klugheit und Dummheit Nachbarn sind, die am Ende zu demselben Ziele der — Nothwendigkeit führen. Freund, fährt der Warner fort, — die Nothwendigkeit ist unmöglich, gedenk' ich Deiner Jugend, Deiner Katharina, Deiner Marion, der verklärten, der lebenden Maria und der Entdeckungsgefahrten alle, die Du in's Gebiet der starken und ungezügelten Leidenschaften gemacht! Alter Freund! sei kein — Narr! Und doch, wie viel Muth und Entschlossenheit hat Venus nicht? Ihre Macht hat Bande gelöst, die für die heiligsten, die unauflöslichsten, für ewig galten! Unmöglich! Katharina, Marion die heimgegangenen, Maria die beglückende!

Marie, mein theuerstes Weib! wenn Du diese Denkblätter liesest, so sei eingedenk dessen, was ich Dir oft wiederholt: Nichts werd' ich vermissen,

wenn mir Deine Liebe bleibt; meine ganze Ge=
müths= und Geistesstimmung ist von der innern
Wärme Deiner Liebe belebt und erhöht! — Schreibe
bald. Seit vierzehn Tagen fehlen Deine Briefe!

11.

Den 13. früh am Morgen.

Die Andeutung, die der Pfaff neulich machte,
als hätt' ich die Dienstboten dieses Schlosses be=
stochen, geht mir gewaltig durch den Kopf. Ich
sinne hin und her, was wol der Grund sein könnte
zu dieser Anspielung. Muß doch jede Wirkung
ihre Ursache haben, wäre sie auch aus der Luft
gegriffen, wie es in diesem Falle scheint. Aber
ich kann durchaus Nichts finden, was von meiner
Seite Anlaß zu seinem offenkundig ausgesproche=
nen Verdachte gegeben.

Die Baronin hat einen ihrer Schloß=Bedien=
ten zu meiner Verfügung gestellt. Es ist ein gut=
müthiger, biederer Mann, höher in Jahren, als ich,
sein zeitweiliger Herr, und, wie gewöhnlich im
Alter, sehr gesprächig und redselig, auch — ich
kann's so nennen, plauderhaft. Der hat mir denn

so Manches vom Leben und Treiben dieses Hauses erzählt, Alles aber in ehrerbietigster Weise.
Jedes Glied der Familie hat er in sein Herz geschlossen, vor allen aber die Baronin, die er in
den Windeln gekannt hat, da er an die dreißig
Jahre im Schlosse ist. Andreas, so heißt der
Mann, ist voll des Lobes von der Herzensgüte
und der Nachsicht, welche die Baronin ihm zu Theil
werden läßt, wenn er den einen oder den andern
ihrer Befehle nicht so rasch ausführt, wie es in
jüngeren Jahren möglich gewesen; und wie gut
ist sie, fügt' er einmal hinzu, gegen die Annemarie! So heißt die Kammerjungfer. Die Burgfrau, wie Sie unsere gnädige Baronin nennen,
fuhr Andreas fort, ist ein wahrer Engel, eine
Wohlthäterin der Dürftigen und Armen im ganzen — —thale. Und wie lieb hat sie den Baron
Gustav gehabt! Die Beiden waren Ein Herz und
Eine Seele. Und wie hat die Baronin gejam-
mert, als das Unglück geschah, daß der Baron so
plötzlich von ihrer Seite gerissen wurde. Auf
Wochen lang hat sie sich in dem Cabinet einge-
schlossen, was Baron Gustav seinen Hymens-
Tempel nannte. — So! dacht ich, und dieser
Tempel ehelicher treuer Liebe, herabgewürdigt
jetzt zum Miststall viehischer Triebe! — Kennen

Sie das Cabinet? fragte Andreas. — Ich hab'
es flüchtig gesehen. — Nicht war, fuhr er fort,
darin ist's schön; der Herr Pfarrer sagt, wie die=
ses Cabinet ist, so müßten wir uns das Paradies
vorstellen. — Ich horchte auf. Andreas fuhr fort:
Wenn ich, oder die Annemarie, dann und wann,
wenn es unsere Dienstverrichtungen so mit sich
brachten, bei dem Cabinete vorübergingen, dann
hörte Jeder von uns die Frau Baronin laut
schluchzen, weinen und seufzen, und das war zum
Erbarmen mit anzuhören. — Und wie lange
dauerte diese tiefe Trauer um den verstorbenen
Gatten? — Ach, lieber Herr, das hat sehr lange
gedauert. Ein Paar Tage nach Neujahr war
es, daß man den Baron, seligen Andenkens, in
die Gruft legte, und Johannistag war lange vor=
über, und die Frau Baronin trauerte noch immer.
Gesellschaft, dachte der alte Herr Baron, wird
Aufheiterung verschaffen: die nächsten Gutsnach=
barn und auch Bekannte von weit her wurden
oft eingeladen, aber die Zerstreuung half nicht;
die Frau Baronin wurde von Tag zu Tag be=
trübter, und ließ sich zuletzt gar nicht mehr sehen,
wenn Besuch kam; sie entfloh in ihr Cabinet, und
ließ sich durch Annemarie wegen Migraine — ich
weiß nicht, was das für eine Krankheit ist —

bei den Fremden entschuldigen. Der alte Herr
war dann nicht selten in Verlegenheit, wie er die
lieben Freunde und Bekannten unterhalten sollte.
Einmal kam ich zufällig dazu, wie er der Frau
Baronin Vorstellungen machte, sie möchte sich doch
endlich ermannen und Theil nehmen an den Zer=
streuungen, welche die Gesellschaft gewähre, die er ja
nur ihretwegen veranstalte; sie als Herrin des Hauses
wäre das ja schon den äußeren Rücksichten und den
nachbarlichen Verhältnissen schuldig. Waren das
nicht, lieber Herr, ganz vernünftige Vorstellungen?
Als ich zum Zimmer hinausging, hört' ich die Frau
Baronin sagen: Lieber Oheim, quäle mich nicht
länger; Du meinst es gut, das seh' ich ein; aber
ich kann nicht anders, wenn Besuch kommt, ich flüchte
in mein Heiligthum, ich kann nicht anders! Von
da an hörten die geselligen Zusammenkünfte in un=
serm Schlosse auf. Der alte Herr verfiel nun
auf ein anderes Mittel. Er fuhr eines Morgens
weg, wie er sagte, auf mehrere Tage. Als er
zurückkam, war er nicht allein, er hatte ein junges
Mädchen bei sich, es war — Fräulein Mathilde,
von der Sie, lieber Herr, wissen, daß sie eine
nahe Verwandte unsers Hauses ist. — Nach Ge=
wohnheit graugewordener, treuer Diener zählte
sich auch Andreas zur Familie. — Nun ging's.

fuhr er fort, mit der Frau Baronin eine Zeit
lang besser. Fräulein Mathilde wirkte unwillkür=
lich sehr günstig auf die Trauernde, die in dem
Umgange mit dem jungen Mädchen voll heitern
Gemüths und sprubelnden Witzes Erheiterung
fand. Nicht wahr, Fräulein Mathilde ist ein
schönes Mädchen, und wie harmlos und liebens=
würdig ist das Kind! Wir Alle im Schlosse haben
unsere Freude an ihm. Es dauerte aber mit der
Frau Baronin nicht lange so. Nach einigen
Wochen verfiel sie wieder in den vorigen Trüb=
sinn; öfter, als während dieser Zeit, verschwand
sie erst auf Stunden, dann auf Tage lang, in
ihr Heiligthum, wie sie es nannte; sie grämte
und härmte sich so, daß alle Frische der äußern
Erscheinung, die schon vorher sehr gelitten hatte,
ganz verschwand; und zu alledem kam, daß sie
anfing, ihre religiösen Pflichten ganz zu vernach=
lässigen, es sah aus, als wären die gar nicht mehr
da; sie ging gar nicht mehr in die Messe, und
der Beichtstuhl hatte sie seit dem Tode des Ba=
rons Gustav nur ein Paar Mal, von nun ab
aber gar nicht mehr gesehen. In unserer heiligen
Religion schien die arme gnädige Frau gar nicht
mehr Trost zu suchen. Das nun konnte unser
Herr Pfarrer, der, wie Sie, lieber Herr, wissen,

zugleich Schloßkaplan und Beichtvater unserer gnä=
digen Frau ist, nicht länger geduldig mit ansehen.
Zwar hatte er ihr von jeher geistlichen Trost zu=
gesprochen, allein ohne den mindesten Erfolg zur
Beseitigung ihres Trübsinns. Jetzt aber kam er
täglich auf's Schloß; und weil wir die Frau Ba=
ronin von Tag zu Tag wieder frischer und heiterer
werden sehen, so schließ' ich, daß die Tröstungen
der Religion, die ihr der Herr Pfarrer kraft seines
Amtes eingeflößt, diese Wirkung hervorgebracht
haben. Und das meint auch die Annemarie. Nun
ist die liebe gnädige Frau wieder die vergnügte,
die aufgeräumte, die heitere Dame, die sie in der
ersten Zeit ihrer Ehe war. Wie gut ist sie, wie
lieb haben wir sie Alle!

So hatte Andreas eines Tages zu mir ge=
sprochen. Das fiel mir jetzt ein. Auch entsann
ich mich, daß ich an jenem Tage ihm ein Gulden=
stück dafür geschenkt hatte, daß er einen Brief
auf die nächste Post getragen, die aber zwei Stun=
den Weges entfernt ist. Hatte er davon gegen
den Pfarrer geplaudert in seiner gutmüthigen
Redseligkeit, oder stand er gar als Aufpasser im
Dienste des Pfaffen? Ist denn Alles in diesem
Schlosse verderbt, verkommen? Heuchelt hier Jeder,
trägt jeder Bewohner dieser Burg eine Maske?

Nein, sagt' ich mir, der alte Andreas kann kein
Heuchler, kein Spion sein, es müßten denn alle
physiognomischen Studien eines langen Lebens
mich täuschen. Es blieb keine andere Voraus=
setzung offen, als die: daß Andreas von dem Gul=
denstück der Annemarie gesagt, und diese den Vor=
fall falsch aufgefaßt oder entstellt der Baronin
hinterbracht habe.

So klärt sich Alles auf: das ist die — ver=
unreinigte Quelle, aus der der Pfaffe seinen Ver=
dacht geschöpft hat.

Um meiner Sache jedoch ganz gewiß zu wer=
den, muß ich den Andreas, wenn er heute zu
meiner Bedienung kommt, was gegen sieben Uhr
zu geschehen pflegt, auf den Zahn fühlen.

————

12.

Den 13. Vormittags.

Andreas ist zur gewöhnlichen Stunde gekom=
men. Er selbst hat die Gelegenheit gegeben, den
Punkt meines Zweifels zu erörtern. Er sagte
mir nämlich, die Frau Baronin sei gestern Abend
in der Kirche zur Beichte gewesen; — das wußte ich,
weil ich selbst dem Vespergottesdienst beigewohnt.

Eins in's Andere, lieber Andreas, fing ich an, bist Du gestern auch in einem Beichtstuhl gewesen und hast dem Herrn Pfarrer gebeichtet, daß ich Dir neulich einen Gulden geschenkt, und Du das Geldstück angenommen hast.

Nein, lieber Herr, ich bin nicht zur Beichte gewesen, und wenn ich nächstens beichten werde, so erzähl' ich dem Herrn Pfarrer doch nichts von dem, was Sie da sagen. Ein Guldenstück an= nehmen, ist ja keine Sünde; und wie gern hab' ich's von Ihnen angenommen! Gaben Sie's mir doch mit einer so freundlichen Miene, daß man sehen konnte, Sie gaben es gern; und da hab' ich denn nicht umhin gekonnt, es der Annemarie brühwarm zu erzählen. Meine Freude war doch gar zu groß, nicht wegen des Guldens, sondern wegen der Art und Weise, wie ich ihn bekam, sie verrieth eine so große Herzensgüte. Seien Sie nicht böse auf mich alten Mann, daß er sich er= laubt, Ihnen das so gerade herauszusagen.

Schon gut, Andreas. Geh' jetzt zu dem Herrn Baron und frage ihn, unter Vermeldung meines Morgengrußes, zu welcher Stunde ich mir das Vergnügen verschaffen dürfe, ihn auf seinem Ar= beitszimmer zu besuchen.

Draußen stürmte und tobte der Föhn durch

das Thal und seine Schluchten, und peitschte die
Wolken längs des Felsengeländes, das von oben
bis unten damit behängt ist. Kaum funfzig
Schritte kann man vor sich sehen, und nur auf
Augenblicke erkannte man die Thalwände, wenn
der Föhn das nasse Bahrtuch zerrissen hat und
vor sich hertreibt, aber sogleich rollte ein neuer
Wolkenhaufen herbei, den leeren Raum zu füllen.
Es ist ein Aufruhr in der Natur, wie er nur im
Hochgebirge oder auf hohem Meere im Gebiete der
westindischen Orkane vorkommt. Gräßlich ist das
Wetter, an Ausgehen nicht zu denken.

Andreas kam bald zurück mit Meldung einer
bestimmten Stunde.

Der Baron empfing mich wie immer mit der
liebenswürdigsten und herzlichsten Zuvorkommen=
heit. Nach einigen Erörterungen über die Beschaf=
fenheit der Witterung, in die der Baron Manches
über die Zerstörungen einfließen ließ, die der
Föhn in den Alpenthälern und an den Berggelän=
den, besonders in der Waldregion anzurichten im
Stande ist, und wobei er die Besorgniß hegte,
daß wir bald Nachricht von den verwüstenden
Wirkungen des heutigen Föhns, wie er lange
nicht so heftig gewüthet habe, bekommen würden,
suchte ich das Gespräch auf den Gegenstand zu

2*

lenken, deſſentwegen hauptſächlich ich mich bei ihm
hatte anmelden laſſen.

Ach, ich verſtehe, lieber Freund; ich erkenne die
Weltgegend, auf die Sie im Discurs Ihren —
Curs ſteuern. An den Compaß! brauchen Sie
mir nicht zuzurufen, wie der Capitain des Schiffs
ſeinem Steuermann zuruft, wenn er am Kielwaſſer
merkt, daß dieſer vom Curs abgewichen iſt. Alſo,
lieber Freund, ich verſtehe, — ich verſtehe Sie,
und ich denke, wir verſtehen uns alle Beide. Ich
geſtehe, ich habe mich über die hämiſche Anſpielung
des Pfarrers, — und von dem „ſchmieren“ der
Dienſtleute dieſes Schloſſes iſt doch die Rede, —
in hohem Grade geärgert, vielleicht mehr als Sie,
weil die Beleibigung in einem Hauſe geſchah, dem
Sie als Gaſt angehören, und der Wirth des Hau=
ſes die Pflicht hat, ſeine Gäſte vor jedem Unge=
mach, ſei es körperlich oder moraliſch, zu ſchützen.
Ich hätte den Beleibiger gleich auf der Stelle zur
Rechenſchaft ziehen ſollen; allein ich weiß in der
That nicht mehr, warum es nicht geſchehen; ich
glaube, meine Nichte legte ſich in's Mittel. Nach
deren Rath zum Pfarrer in's Haus zu gehen,
um ſich mit ihm auszuſprechen, oder, wie ich's
nennen muß, — ihn zur Rede zu ſtellen, rath'
ich nicht; oder ich ſage vielmehr, fügte er launig

hinzu, ich gebe nicht die Erlaubniß dazu, ich ver= biet' es Ihnen sogar, denn es wäre Ihrer nicht würdig. An ihm ist es, zu Ihnen zu kommen, er ist ja der Beleidiger. Aber ich begreife gar nicht, wie er dazu gekommen, so — ungezogen zu sein. Ueberhaupt bemerk' ich seit einigen Tagen aus Mienen und Blicken und Aeußerungen, die wie zufällig scheinen, daß der Pfarrer gegen Sie Etwas hat. Haben Sie ihm denn was in den Weg gelegt, oder ist sonst was geschehen, das ihn in diese Stimmung versetzen konnte?

Ich betheuerte, daß mein Gedächtniß mich ganz und gar im Stiche ließe, weder auf unmit= telbarem noch auf mittelbarem Wege sei ich dem Pfarrer zu nahe getreten.

Ich glaub's Ihnen, erwiderte der Baron, Sie können ja keiner Mücke wehe thun, geschweige denn einem Menschen. Vor der Tafel werd' ich mit dem Pfarrer reden; er wird in sich gehen, und sein Unrecht einsehen; ich glaube doch, noch eini= gen Einfluß auf ihn zu haben, und er wird, so hoff' ich, die Ihnen zugefügte Beleidigung durch Abbitte auswetzen.

Abbitte! nein, die erwart' ich nicht, weil ich sie nicht verlange. An einer leicht hingeworfenen Entschuldigung ist's genug, aber in Gegenwart

Ihrer Frau Nichte und des Fräuleins Mathilde, das ist mein Wunsch, meine Bedingung.

Recht, lieber Freund, einverstanden! so soll's geschehen, und in d e m Sinne werd' ich den — Herrn Pfarrer vornehmen.

13.

Am 13. Abends.

Die Gegensätze berühren sich. Draußen in der freien Natur stürmte der trübe Föhn fort, wie zuvor und auch jetzt noch in dem Augenblick, wo ich die Feder ergreife, drinnen bei uns an der Tafel herrschte Anfangs heitere Ruhe, zuletzt aber brauste auch über ihr der Sturm der Leidenschaften! Die Bewohner der Alpenthäler sind an die Erschei= nungen der, durch die Einschnitte und Pässe des Alpenkamms von Süden her eindringenden Luft= ströme, die weiter Nichts sind als ein Scirocco in gemilderter Form, zu gewöhnt, als daß sie sich von ihnen beunruhigen ließen. Um das zu bewirken, muß ein Föhnwirbel schon ganze Ortschaften von ihren Holzdächern entblößen, oder oben in der Waldregion, wo der Föhn am ärgsten hauset, ganze Forsten entwurzeln.

Als wir uns zur Tafel setzten, gab mir der Baron einen Wink. Ich verstand ihn, er hatte Wort gehalten. Er war, wie gesagt, zu Anfang der Tafel sehr heiter, die Burgfrau eben so und zuweilen sogar ausgelassen lustig; Fräulein Mathilde zeigte zwar auch ihren gewohnten Frohsinn, aber sie erschrack nicht selten und zwar dann, wenn der Föhn beim Schleudern der Luftmassen und Umwirbeln des Schlosses dasjenige Getöse in der Atmosphäre erzeugte, das mit keinem andern Tone in der Welt verglichen werden kann, und das ich darum Föhnheulen, Luftheulerei nennen möchte, — ein Wort, würde die Burgfrau sagen, was gegen den guten Geschmack verstößt; und ich geb' ihr darin recht; vielleicht find' ich ein anderes, besseres, melodischeres; — doch nein! melodisch darf's nicht klingen, da im Föhnheulen auch nicht das Mindeste von Melodie liegt. Fräulein Mathilde erschrack besonders dann, wenn eine Luftmasse an die Mauern des Schlosses geschleudert wurde, was für's Ohr weit ab ist von den Tönen der Aeolsharfe, die doch auch ein Luftinstrument ist. Mathilde hat im Flachlande ihre Heimath und ist nur erst selten in den Alpen gewesen, daher ich ihre Furcht vor der gewaltigen Naturerscheinung erklärlich finde. Der Pfarrer, ein

Sohn der Berge, hörte gleichgültig auf das, was der Baron mir zum Besten gab, war's ihm ja bekannt! Eine Gemsjagd wurde beschrieben, ihre Freuden und Leiden, die mit ihr verknüpften großen Gefahren, die des Jägers Leben jeden Augenblick auf's Spiel setzen können.

Weißt Du noch, lieber Ohm, fiel die Burgfrau ein, wie Dein Nichtchen — es war damals ein loser, oft zu kecker Wildfang — den tollen Einfall hatte, den Gotthelf auf der Gemsjagd begleiten zu wollen?

Ja, Kind, ich weiß es noch, als wär's erst gestern passirt. Und ein Glück, daß der Gotthelf, Gott mög' ihm über's Grab hinaus geholfen haben, dem braven Burschen — auf's Entschiedenste sich Deinem Wunsche widersetzte. Ja, und wild, wie Du sagst, warst Du, wie kein Mädchen Deines Alters, und lebhaft wie Quecksilber; und später war es nicht Dein Geschmack, Dich hinter den Mauern dieses, damals dem Ruine entgegengehen= den, Schlosses zu verbergen, wie das Veilchen sich unter seinen Blättern versteckt, sondern wie die Centifolie mußtest Du an die Luft, an's Licht, wie sie die Farbenpracht ihrer Blüthe aller Welt offenbart, so wolltest auch Du.....

Hör' auf, lieber Ohm, unterbrach die Burgfrau

den Sprecher, Du malst meine Vergangenheit nicht wie sie war, wie Du sie Dir vorgestellt hast, Du führst unseren Freunden ein Nebelbild vor.

Ganz recht, liebe Agnes, ein Nebelbild war es; und dann verschwamm dieses Bild, als Du die Puppen in die Rumpelkammer gesperrt hattest und andere Empfindungen im Herzen Dir aufstiegen; da wurdest Du die sanfte, heitere Schönheit, zu edel und zu wesentlich natürlich, um einen andern als gewinnenden Eindruck zu machen, und der Eindruck fesselte Deinen und meinen Gustav.

Nochmals, Oheim, hör' auf, rief die Burgfrau, indem sie sich die Ohren zuhielt. Sollte man nicht glauben, der ehrwürdige Herr mit dem Silberhaupt habe nicht eitel Lust, der trauernden Wittwe seines Neffen den Hof zu machen?

Du hast recht, mein Haar ist gebleicht; allein, wie ein französischer Schriftsteller sich sehr gut ausdrückt, les neiges de l'hiver n'ont pu atteindre mon coeur!

Da haben wir's! Klingt das nicht, was Du vorher sagtest, mit diesem Zusatze fast wie eine Liebeserklärung; doch, lieber Ohm, übertriebene Schmeicheleien, wie sie so eben über Deine Lippen flossen, verletzen ein Weiberherz eben so sehr, als ungerechter Tadel.

Nun seh' einer doch 'mal den kleinen Trotz=
kopf an! Spricht man die Wahrheit, so soll die
verletzen; hat man je eine ärgere Verwirrung der
Begriffe erlebt! Fast möcht' ich glauben, wir säßen
statt im Schlosse — — weit, weit weg im Lande,
wo der Pfeffer wächst, oder wären als Handlan=
ger beim Thurmbau zu Babel, wo der Wirrsal
der Sprachen gestanden haben soll, in dem es
übrigens, — nebenbei sei's bemerkt, — gar nicht so
wirrig ausgesehen haben kann, wie die Bibel es
sagt.

Was in den heiligen Schriften des christlichen
Glaubens steht, unterbrach der Pfarrer, ist wahr,
Wort für Wort; an keinem ihrer Worte darf gezwei=
felt, an keinem gemäkelt werden. „Und so Jemand
davon thut von den Worten des Buchs dieser
Weissagung, so wird Gott abthun sein Theil vom
Buch des Lebens und von der heiligen Stadt,
und von dem, was in diesem Buch geschrieben
steht.“

Ei, ei, Herr Pfarrer, fiel ich ein, Sie citiren
da eine Stelle aus der Offenbarung Johannis
nach der Uebersetzung eines großen Mannes, den
Ihre Kirche doch für einen Abtrünnigen, für einen
Ketzer erklärt. Wie geht das zu? Irr' ich nicht,
so ist die Stelle nahe am Schluß des mystischen

Buches, und darum möcht' ich meinen, daß der
gute Johannes sich eben so geheimnißvoll aus=
drückt, wenn er an einer vorhergehenden Stelle
sagt: „Selig sind die Gottes Gebot halten, auf
das ihre Macht sei an dem Holz des Lebens und
zu den Thoren eingehen in die Stadt. Denn hau=
ßen sind die Hunde, und Zauberer, und die Hu=
rer und Todtschläger, und die Abgöttischen und
alle die lieb haben und thun die Lügen." —

Burgfrau und Burgpfaff waren erblaßt. Erstere
kämpfte, ich sah' es ihr an, gegen eine innere Er=
regung, die sie kaum zu bewältigen vermochte, sie
athmete tief auf. Im Pfaffen kochte das Feuer
eines Vulkans, das sich Ausgang verschaffte durch's
Auge, aus dem wüthende Blitze auf mich geschleu=
dert wurden, als wollten sie mich vernichten.

Verzeihung, gnädige Frau, und auch Sie, Fräu=
lein Mathilde, wollen verzeihen, daß ich mich in
dem eben vorgetragenen Citat eines Ausdruckes
bedient habe, der in dem Wörterschatz der deut=
schen Sprache, wie unser Jahrhundert sie kennt,
gelöscht ist. Erwägen Sie aber, daß ich nach
Luther's Uebersetzung die Offenbarung Johannis
citirt habe, und daß der große Reformator ein
Kind des 16. Jahrhunderts gewesen ist. Ich er=
laube es mir niemals, aus eigenem Antrieb ein

Wort in den Mund zu nehmen, das nicht blos
aus den Kreisen, die man die gute Gesellschaft zu
nennen pflegt, verbannt, sondern auch aus dem
Volksbewußtsein der ganzen Nation verschwunden
ist. Und dennoch giebt es unter den akatholischen
Geistlichen unserer Zeit eine große, große Menge,
die da in ihrem Zelotismus vermeinen: das Volk
könne zum geoffenbarten Glauben nur durch die
— — „salbungsvolle" Sprache des 16. Jahr=
hunderts zurückgeführt werden. Diese müsse wie=
der von den Kanzeln ertönen, ohne sie kein Heil;
die geläuterte, die veredelte, die ästhetisch gebil=
detere Sprache unserer Zeit vermöge nicht durch=
zudringen, und würde sie von Engelszungen ge=
sprochen!

Da sind ja die Protestanten oder Akatholiken,
wie Sie, lieber Freund, Ihre Glaubensgenossen
mit römischem Ausdrucke nennen, sehr zu bekla=
gen, wenn sie viele solcher unverständiger Eiferer
unter ihren Predigern haben.

Die Protestanten, theuerster Baron, sind, wie
Sie ja selbst durch eigene Beobachtung auf Ihren
Reisen in Norddeutschland wissen, zu aufgeklärt,
als daß sie nicht im Stande wären, das Korn
von der Spreu zu unterscheiden; Dank sei es dem
verbesserten Schulunterricht in Stadt und Land.

Hat eine Kirchen=Gemeinde das — Unglück, einen derartigen Zeloten zum Prediger von Gottes Wort zu bekommen, was von der jeweiligen religiösen Richtung des Patrons abhängt, so lacht man ihn anfangs aus und endigt damit, daß man ihn von der Kanzel herab poltern und toben läßt vor leeren Wänden und vor seinem gehorsamlichen Herrn Küster und einem Paar alten Mütterchen, die von Olims Zeiten her an's Kirchengehen ge= wöhnt sind, um da ihr Vor= und Nachmittags= schläfchen zu halten. Treibt aber der Herr Pastor, — wie sich unsere moderne Prediger gar zu gern nennen, weil sie sich für den Hirten und ihre Gemeinde für eine Heerde Schafsköpfe, — ich wollte sagen: Schafe, hält, — ich will sagen, überschreitet der Kanzeleiferer die Gränzen seiner geistlichen Befugnisse zu weit, indem er bei seinen Predigten in das öffentliche, ja in das Familien= leben der Gemeindeglieder seine Blitze schleudert, nun, dann ist es schon vorgekommen, daß er selbst, oder das kleine Häuflein seiner Verehrer und Ge= sinnungsgenossen die weltliche Macht in Anspruch nehmen mußte, um Se. Hochehrwürden oder Se. Hochwürden vor Real=Injurien in Schutz zu nehmen.

Was sind das für Zustände, die Sie uns da schildern! rief die Burgfrau aus, die während

meines langen Vortrags ihre Haltung wieder=
gewonnen zu haben schien. Da muß ja eine voll=
ständige Zerrüttung des religiösen Lebens ent=
stehen, oder schon entstanden sein, eine vollstän=
dige Auflösung des kirchlichen Verbandes, Anar=
chie in dem Edelsten, was der Mensch hat. Sie
sprachen vorher von der Schulbildung; erlauben
Sie mir eine Frage. Ich habe mir vom Oheim
sagen lassen, daß auch bei Ihnen der Schulmei=
ster eines Ortes unter der Aufsicht des betreffen=
den Pfarrers stehe, wie es bei uns der Fall ist,
und daß der Pfarrer häufig die Schule besuche,
um sich zu überzeugen, daß der Unterricht ord=
nungsmäßig und insonderheit der Unterricht in
den Elementen der Religion schriftmäßig ertheilt
werde. Vorher rühmten Sie die Bildung, die die
Akatholiken in der Schule empfangen. Und dahin
darf ich wol mit Recht rechnen, daß in den Schul=
kindern das Gefühl für's Schöne frühzeitig ge=
weckt werde, mithin auch der Sinn für eine edle
Sprache. Wie denn nun, wenn ein Schulmeister,
von dem ich, nach Ihren Aeußerungen, voraus=
setzen muß, daß ihm die Empfindung für's Schöne
nicht abgehe, das Unglück hat, zum Aufseher einen
Pfarrer zu bekommen, der eine — Force darin
sucht, sich der veralteten Sprache Luther's zu be=

dienen, müssen da dem Schulmeister nicht, wie man zu sagen pflegt, die Haare zu Berge stehen?

So ist's, gnädige Frau; le pauvre diable se trouve dans le purgatoire du curé; aber es reinigt ihn nicht und wendet ihn nicht den Ansichten Sr. Hochehrwürden zu; er schwankt zwischen Baum und Borke, und das Ende aller Enden ist, daß der Aermste der Armen, der da von der Gesellschaft angewiesen ist, ihren Nachwuchs vernünftig-menschlich zu erziehen und zu bilden, vom allgewaltigen Herrn Inspector bei einem höher stehenden Haufen von Zeloten der Gottlosigkeit angeklagt und darauf allen Martern der irdischen Hölle überliefert wird, dem Zehren am Hungertuch, — mit Weib und Kind, wenn er zu noch größerem Unglück deren hat.

Nicht weiter, lieber Freund, rief die Burgfrau, ich kann's nicht mehr ertragen; es graust mich bei Ihrer Schilderung, die, ich will's hoffen, in's Gebiet arger Uebertreibungen verwiesen werden muß. Sie rühmten vorher die in den akatholischen Ländern herrschende Aufklärung; wie läßt sie sich mit den Erscheinungen reimen, die mir verabscheuungswürdig vorkommen?

Ich habe Nichts übertrieben, Gnädigste; ich

habe die Zustände geschildert, wie sie wirklich sind, und ich bitte wohl in Erwägung zu nehmen, daß da, wo viel Licht ist, auch viel Schatten ist.

Da lob' ich mir doch den Zustand, wie er bei uns ist; in unseren Schulen bei und ihren Lehrern ist so was gar nicht möglich, gar nicht denkbar. Nicht wahr, Herr Pfarrer?

Nein, ehrsame Burgfrau, erwiderte der Befragte. Abnormitäten, wie sie von Ihrem geehrten Gaste geschildert worden sind und deren Vorhandensein ich nach eigener Wissenschaft bestätigen kann, sind bei uns unbenkbar. Das eben ist der Segen unserer heiligen Kirche, daß in ihr Alles und Jedes normal ist, daß sie das Besondere für alle Zeiten abgethan hat und nur das Allgemeine kennt, und daß sie einen compacten Körper bildet, dessen Glieder alle in der Einheit des Hauptes die gebietende und die leitende Kraft der Bewegungen anerkennt, die nirgends und niemals eine Richtung annehmen dürfen, nicht annehmen können, die centrifugal wäre. Alles in unserer heiligen Kirche bewegt sich in concentrischen Kreisen, alle gleichgroßen Radien laufen in den Einen Mittelpunkt zusammen, und dieser Mittelpunkt ist unsere heilige Stadt. Mit einer Kugel verglichen, hat unsere Kirche nur Eine Axe, nicht zwei Axen,

nicht eine große und eine kleine, wie der kugelähnliche
Körper, der aus der Umdrehung einer Ellipse ent=
steht. Das Lutherthum und den Calvinismus möcht'
ich mit diesem doppelachsigen Sphäroid vergleichen.
Ein Sphäroid ist aber kein naturgemäßer Kör=
per; nur die Sphäre ist es, und die stellt in re=
ligiösen Dingen unsere Kirche vor. Ueberdies...

Halt, Herr Pfarrer, fiel der Baron ein, Ihr
Gleichniß hinkt. Nichts für ungut, — aber in dem
Priesterseminar, wo Sie Ihre Bildung empfangen
haben, muß gar Nichts von Physik und Allem,
was damit zusammenhängt, gelehrt worden sein,
oder, wenn es dennoch geschehen sein sollte, so
sind Sie, verzeihen Sie die freimüthige Aeußerung,
entweder ein unaufmerksamer Schüler gewesen,
oder Sie haben das, was Sie da gelernt, wieder
vergessen.

Herr Baron, Sie sind in der That mehr als
freimüthig!

Kann sein, allein ich halt' es für Pflicht, der
Ignoranz überall da entgegenzutreten, wo sie her=
vortritt; ganz besonders dann, wenn sie sich als
Lehrmeister brüsten will!

In der That, Herr Baron, ich begreife den
Ton nicht, den Sie gegen mich anzunehmen be=
lieben.

Aber, lieber Ohm, bitte, bitte, warf die Burg=
frau ängstlich ein, ohne daß der Baron sie aus=
reden ließ.

Meinen Ton, fuhr dieser fort, vertret' ich aller
Wegen und aller Orten, auch Ihnen gegenüber;
ich meine, daß auch Sie das schon erfahren haben,
und Sie sich dessen wol erinnern könnten von
früheren Gelegenheiten her, mehr als einer, als ich
wegen Patronatsrechte mit Ihnen zu verhandeln
hatte. Für unsern jetzt vorliegenden Fall bemerk' ich:
die Behauptung am Schluß der Schutzrede, die Sie
geglaubt haben, unserer Kirche halten zu müssen,
ist — falsch; nicht die Sphäre, sondern das Sphä=
roid ist die Grundform in der Natur; in unserm
Sonnensystem haben alle Planeten, auch jeder der
Asteroiden, diese Gestalt, der Centralkörper selbst;
und um diesen bewegen sich die Wandelsterne nicht
in Kreisen, sondern in Bahnen, welche die Form von
Ellipsen haben. Das weiß in protestantischen
Ländern schon der Knabe, der auf der Schul=
bank sitzt; und unser Herr Pfarrer weiß das nicht
einmal! Und wenn Sie vorher die von Luther
und Calvin reformirte Kirche mit einem doppel=
achsigen Sphäroid verglichen, so könnte man,
auf Grund Ihrer eigenen Behauptung, die Ver=
muthung hegen, daß die Akatholiken, die sich

Lutheraner und Calvinisten nennen, das Christen=
thum in seiner naturwüchsigen Gestalt aufgefaßt
haben. Sei dem, wie es wolle, so ist......

Ereifern Sie sich doch nicht so, unterbrach der
Pfarrer den allerdings sehr lebhaft gewordenen
Baron; mein Gleichniß sollte ja nur ein Sinn=
bild sein, gewissermaßen eine — Symphonie, die
den Zusammenklang aller Glieder unserer heiligen
Kirche zu vergegenwärtigen im Stande sei. Wenn
ich in der Wahl des Gleichnisses nicht glücklich ge=
wesen, so halten Sie das dem Umstande zu Gute,
daß die Gedanken bei mir zuweilen die mechani=
schen Bewegungen der Zunge überflügeln. Und
Sie werden mir doch zutrauen, daß die Gesetze,
nach denen Gott die Welt mit allen ihren Kör=
pern, großen und kleinen, erschaffen hat und regie=
ret, mir nicht unbekannt seien, und demnach auch
nicht den — schnöden Vorwurf der Ignoranz, und
alle daran geknüpften Redensarten verdient habe.

Unsern geehrten Gast bitt' ich, von den Zu=
ständen der großen Gesellschaft in seiner Heimath
zu erzählen.

Mit diesen Worten wandte sich die Burgfrau
an mich. Sie wünschte der Unterhaltung eine
andere Richtung zu geben, weil sie, das Tempera=
ment ihres Oheims kennend, ein Wiederaufbrausen

deſſelben fürchtete, das ſie ſelbſt eben ſo verletzen
mußte, als den Gegenſtand ihrer — heißen Liebe!

Warum ſoll ich in meinem Tagebuche den Burg=
pfaffen nicht alſo bezeichnen?

Ich thue Einſpruch gegen Deine Aufforderung.
Ich ſelbſt habe Dir ſo oft von der höhern Ge=
ſellſchaft erzählt, in die ich bei meinen Reiſen
durch Norddeutſchland Eingang gefunden, daß Du,
liebe Agnes, daran wol genug haben kannſt.

Ich finde den — gnädigen Herrn Oheim heute
— unausſtehlich, ſagte die Burgfrau ſpitzig und
ärgerlich, und die Anweſenden gewiß alle mit mir;
iſt's nicht ſo?

Darf ich mich unterfangen, dieſe Frage zuerſt
zu beantworten, ſo bin ich der unvorgreiflichen
Meinung, daß der Herr Baron gerade heute einen
lakoniſchen Humor in die Unterhaltung gebracht
hat, den wir lange in ſeiner Rede vermißt haben,
für die er doch eine bewunderungswürdige Würze
iſt, um die ich ihn beneide.

Mich zu beneiden, Pfarrer, iſt vom Uebel.
Laſſen Sie's bleiben, Sie thun mir damit
einen Gefallen. Und was heißt lakoniſch? Es
heißt: kurz, bündig, nachdrücklich. Nun denn, ſo
erinner' ich Sie — lakoniſch an Das, was wir
vor der Tafel beſprochen haben! Der Baron gab

mir mit seinem sprechenden, ausdrucksvollen Auge einen Wink, den ich verstand.

Darf ich bitten, meinem Gedächtnisse zu Hülfe zu kommen — erwiderte der Pfarrer mit einem Anfluge von Trotz.

Heilige Maria, Mutter Gottes, steh' diesem armen Vergeßlichen bei, — platzte der Baron lachend heraus; stehe unserm hochehrwürdigen Schloßkaplan bei, der sich sonst wol gerühmt hat, noch zu wissen, was für ein Horoskop ihm an seiner Wiege von Muhmen und Basen gesetzt worden ist.

In der That, Herr Baron, ich erinnere mich nicht, wovon wir gesprochen, was wir — besprochen haben sollen.

Nun denn, da die Madonna nicht zu Hülfe kommt, so muß ich schon ihr Stellvertreter sein. Wir haben, — und ich will mich französisch ausdrücken, um mit dem deutschen Worte, welchem die Eigenschaft der Gemeinheit beigelegt worden ist, nicht das Schönheitsgefühl meiner Frau Nichte und des Fräuleins Mathilde zu verletzen — nous en sommes convenus qu'il est votre obligation, de dire quelques mots d'excuse à Monsieur *** relatifs à la tentative de graisser la patte à quelques domestiques de ce chateau, dont vous avez accusé allégoriquement ce nóble Monsieur.

Versteh' ich das — Kauderwälsch recht, was ich da eben zu hören verdammt gewesen bin, so meint der sehr ehrenwerthe Herr Baron von Y. den deutschen Kraftausdruck „Schmiere," von dem neulich eine Erklärung zu geben, ich, irr' ich nicht, von der verehrungswürdigen Herrin dieses Schlosses aufgefordert worden bin, ferner.....

Ja, das mein' ich, Herr! fiel der Baron flammenden Auges ein.

Der sehr ehrenwerthe Herr Baron von Y. wolle gestatten, fuhr der Priester mit eisiger Kälte fort, ihn zu bitten, daß er die hochfreiherrliche Gnade haben wolle, mich nicht zu unterbrechen; also: — ferner glaub' ich aus dem so eben vernommenen — Kauderwälsch entnehmen zu dürfen, der sehr ehrenwerthe Herr Baron von Y. sei der Meinung, als hätt' ich — bei der Erklärung dieses Wortes in seiner verächtlichen Bedeutung, da sich unsere Zunge desselben bedienet, um so viel als „bestechen" auszudrücken, indem ich dabei ganz zufällig den hier anwesenden Herrn * * * anblickte, — die Absicht gehabt, besagten Herrn der Bestechung des im Dienste der Herrin dieses Schlosses stehenden Gesindes zu zeihen. Ich erkläre diese

Meinung für irrig, für falsch! Ich habe den hier
anwesenden Herrn *** während der kurzen Zeit,
die er als Gast in diesem Schlosse weilt, von
einer zu achtbaren Seite kennen zu lernen die
Ehre gehabt, als daß es mir damals wie auch
heute in den Sinn kommen konnte, und kommen
kann, ihn eines Verbrechens anzuklagen, oder auch
nur den Verdacht eines Verbrechens auf ihn zu
lenken; Bestechung aber ist ein Verbrechen, das
die Strafgesetze aller Länder und Völker mit schwerer Pön bedrohen. Und mit dieser Erklärung hab'
ich dem Genüge gethan, was dem sehr ehrenwerthen Herrn Baron von Y. beliebt, eine zwischen
ihm und mir statt gehabte Verabredung zu nennen. Daß ich aber diese Erklärung als eine
„Obligation" anerkannt haben soll, ist eine Behauptung des sehr ehrenwerthen Herrn Barons
von Y., die ich wiederum als irrig, als falsch zu
bezeichnen gezwungen bin. Die Erklärung, die
ich abgegeben habe, ist eine freiwillige, sie ist aus
freien Stücken gegeben, ja sie wäre gleich nach
jenem Vorfalle erfolgt, wenn es dem hier anwesenden Herrn *** gefallen hätte, mich unter meinem bescheidenen Dache heimzusuchen, wie es die
verehrungswürdige Herrin dieses Schlosses in Vorschlag gebracht hatte, deren leiseste Wünsche, wenig-

stens für mich, ihren unterthänigsten Diener, so
viel als Befehle sind, die auf's Strengste befolgt
werden müssen! Also freiwillig ist meine Erklä=
rung! Die hochachtbaren Anwesenden bitt' ich
schließlich, das wohl zu beachten; diese Bitte, die
ganz besonders an den, von der Herrin dieses
Schlosses bestellten Verwalter seiner Angelegen=
heiten, den sehr ehrenwerthen Herrn Baron von
Y. gerichtet ist, bin ich meiner Stellung als ge=
weihter Priester schuldig, jetzt und immerdar!

Am Schlusse dieser im Kanzelton gesprochenen
Rede voll grausigsten Hohns erhob der Sprecher
seine Augen nach oben, als wollt' er den Segen
des Himmels erflehen, dann senkte er das Haupt
bemuthsvoll, faltete die Hände und bewegte die
Lippen. Sprach der Heuchler wirklich ein Gebet
oder wollt' er uns in seiner scheinbaren Ruhe
zeigen, — wir Priester der Kirche lassen uns nicht
so leicht aus der Fassung bringen!

Eine drückende Schwüle lastete auf uns Hörern,
eine Stille herrschte im Gemach, daß das Fallen
einer Nadel auf den Teppich unser Ohr getroffen
hätte. Niemand wagte aufzublicken.

Die Burgfrau hört' ich tief Athem holen; ich
sah auf. Die schöne Hand auf die noch schönere
Brust gepreßt, hob sich ihr Busen, er senkte sich

und hob sich wieder. Bleich und weiß saß das
schöne Weib da, ich glaubte eine leblose Marmor=
statue zu sehen. In ihrer Seele kämpften, das
sah man, die entgegengesetztesten Gefühle einen
furchtbaren Kampf; die Leidenschaften tobten in
ihr mit derselben Gewalt, wie der Föhn in der
freien Natur, der in diesem Augenblicke die grau=
sige Stille des Gemachs durch ein Entsetzen er=
regendes Geprassel der Fenster unterbrach. Dann
ward's wieder grabesstill. In der armen Seele
des unglücklichen Weibes schienen Liebe und Haß
wie zwei feindliche Pole sich abzustoßen. Es war
ein bejammernswerther Anblick! Dieses Seelen=
leiden hatte sich offenbar auf ihrem ganzen Or=
ganismus fortgepflanzt. Der Athem versagte ihr,
sie litt unfehlbar auf einem Brustkrampf, der ihr
ein Zittern aller Glieder verursachte. Dieser Zu=
stand hatte aber nur eine Zeitdauer von höchstens
zwei Minuten, die mir in der eigenen Beängsti=
gung eine Ewigkeit schienen; denn so stark ist
dieses Weib, so viel Willenskraft und Selbstbe=
herrschung besitzt es, daß es sich plötzlich erheben
konnte. Indem sie den Sessel nach Weiberart
mit dem Fuße zurückschob, trat sie vor mich hin,
stolz wie Juno, erhaben wie Minerva. Mit er=
hobener Stimme, in der Bitterkeit mit süßem

Schmelz, und Haß mit Liebe auf die seltsamste Weise gepaart waren, sprach sie langsam und gedehnt die Worte zu mir:

Mein Herr, wir haben in diesen wenigen Stunden des Ruhigheitern und Stürmischtrüben so viel erlebt und der guten und bösen Worte so viele gehört, wir haben, um mich eines Ihrer Lieblingsausdrücke zu bedienen, so viel Licht und so viel Schatten gesehen, daß, um Ihnen Zeit zur innern Beschaulichkeit zu gönnen, ich es für angemessen erachten muß, Sie für den Nachmittag und den Abend der Einsamkeit zu überlassen. Mein Freund, ich entlasse Sie!

Und zu den Uebrigen sich wendend:

Herr Oheim, ich entlasse Sie. Du, Mathilde, gehst auf Dein Zimmer. Sie, Herr Pfarrer, erwart' ich in meinem Boudoir.

Stolzen und gemessenen Schritts verließ sie den Salon.

Also im „Heiligthum" will man sich sehen, — wohlan, eile auf Deinen Posten, klang in mir die Stimme des Versuchers.

In einer Minute war ich im Büchersaal, in einer halben Sekunde an der Pforte von Hymens Tempel. Nichts ließ sich darin hören. Ich öffnete

die Pforte — Niemand war darin — ich lehnte
sie an, mich aber an den nächsten Büchertisch.

Gleich darauf trat die Burgfrau ein. Mit
großen Schritten ging sie im Boudoir auf und
ab; die Unruhe ihres Schritts verrieth die Unruhe
in ihrem Innern. Noch eine Minute, und auch
der Pfarrer trat ein.

Unglücklicher, herrschte sie ihn an, was hast
Du gemacht? Wie hast Du es unternehmen können,
den Oheim mit so viel geriebener, so abgefeimter
Bosheit zu überschütten und zugleich seinen Freund
zu beleidigen. Ist das die Liebe, die Du so tau-
sendmal zu meinen Füßen, an meinem Busen be-
theuert, beschworen hast? Liebt man ein Weib,
wenn man dessen nächste Verwandte und deren
Freunde höhnt und — besudelt. Geh, Unglücklicher; Du hast mich nie geliebt, Du hast Liebe nur
geheuchelt!

Agnes, rief er aus, welche Worte! Hör'
mich an, höre mich mit Gelassenheit an: ja, ich
erkenn' und bekenn' es, ich habe mich übereilt.
Indem ich Deinen Oheim verletzte, hab' ich auch
Dir, mein süßes Leben, wehe gethan. Ich bitte
Dich wegen Beides um Verzeihung als reuiger
Sünder.

Das läßt sich hören, sprach die Burgfrau mit

einem Ton der Ruhe, der verrieth, daß sie ihre
innere Ruhe wieder gewonnen haben mußte, was
abermals ihre Seelenstärke zeigte. Ich verzeihe
Dir, und zur Bekräftigung meiner Verzeihung
drück' ich auf Dein Gnadengesuch dieses Siegel
... ich hörte Küsse!

Wie ist es möglich, dacht' ich, daß der Mensch,
so rasch, so plötzlich aus dem Zustande tiefster
Entrüstung mit dem Zustande sinnlichen Entzückens wechseln kann.

Welches Gefühl hat Dich aber getrieben, fuhr
sie fort, den Freund meines Oheims neulich zu
beleidigen, als er die Wolffsche Anekdote erzählt
hatte? — Der Pfarrer schien ein Wort zur Ab-
wehr sprechen zu wollen. — Unterbrich mich
nicht, eine Beleidigung war es, die Du ihm zu-
gefügt hast, Du magst einwenden, was Du willst.
Also — welche Empfindung der Seele legte die
beleidigenden Worte Dir in den Mund? Ich
will es Dir sagen: das Gefühl der Eifersucht ist
es gewesen! Du bist eifersüchtig auf den Freund
meines Ohms. Weil die Macht der Schönheit
auf ihn gewirkt, weil er unter diesem Eindruck
als gebildeter und galanter Mann mir Artigkeiten
gesagt und überhaupt Das gethan hat, was man
Courmachen nennt, was jeder Evens=Tochter

schmeichelt, und weil ich, was ich ja selbst Dir
gesagt, in ihm trotz seiner vorgerückten Jahre
einen noch immer schönen Mann erblicke — (ich
glaubte über diese Geständnisse des reizenden
Weibes in die Erde sinken, oder gen Himmel
fahren zu sollen) — darum ist das Gefühl der
Eifersucht in Dir erwacht. Aber, wie wenig kennst
Du mich! Ich, die ich mich Dir ganz hingegeben
habe, die in Deiner Liebe, in Deinen Armen, in
den Armen des schönsten und kräftigsten der
Männer wieder Leben gewonnen habe, ich sollte
meinem Angebeteten, meinem irdischen Gott die
Treue brechen können!

Agnes, himmlisches Weib, welche beseligenden
Worte fließen über die Purpurlippen Deines
schönen Mundes!

Wie aber reimt sich Deine Eifersucht, die, ich
gesteh' es, mein Geliebter, mich erfreut, mit Dem,
was Du mir neulich über die Natur und Ent=
stehung dieser Leidenschaft — geprebigt hast? Also
gehörest Du auch zu den Menschen, die, wie Du
sagtest, „nicht geboren sind, um denken zu lernen."
Und wahrlich, Freund, ich möchte fast glauben,
daß Du nicht denken gelernt hast, wenn ich nicht
vorauszusetzen geneigt wäre, Du habest Dich von

der „Eigenliebe" fortreißen lassen, und Du habest
unter dem Einfluß von „Vorurtheilen" gestanden!

Du süße Spenderin des bittersten Spotts!

Schweig, Bösewicht, und hör' an, was ich
noch zu sagen habe: Du hast, indem Du den
Ohm und seinen Freund beleidigtest, wider die
Klugheit gesündigt, Du hast einen Fehler, und
zwar einen großen Fehler begangen. Du kennst
die Verhältnisse, in denen ich mit Rücksicht auf
Aeußerlichkeiten zu meinem Oheim, und er zu mir
steht. Diese Verhältnisse hab' ich wohl zu beachten,
denn sie sind, wie Du weißt, von der größten
Wichtigkeit für die Ausführung unseres Lebens=
plans. Dein heutiges Benehmen wird das Miß=
trauen steigern, das beim Ohm, wir dürfen es
uns nicht verhehlen, wach geworden ist. Er wird
uns scharf beobachten, und sein heller Blick sieht
durch — Wände! Er wird uns am Ende auch
beobachten lassen, durch den Andreas vielleicht,
obgleich der Alte mir ganz ergeben ist. Aber weil
er das ist, so kann der Ohm seine Hingebung
möglicher Weise benutzen, indem er ihm beizu=
bringen sucht, es sei zu meinem Besten, wenn er
auf mein Thun und Treiben sein Auge wende,
und das ist auch beim Andreas scharfblickend. An
die Annemarie wird sich der Ohm nicht wenden;

ihrer bin ich ganz sicher. Aus allem Diesem siehest
Du, theurer Mann, wie sehr Vorsicht uns Noth
thut; für's Erste aber ist es die dringendste Noth=
wendigkeit, den heutigen Auftritt ungesäumt in
die Gruft der Vergessenheit zu senken, und darum
verlang' ich von Dir, daß Du am Abend zum
Ohm gehest und ihn förmlich um Verzeihung bit=
test; und ferner fordere ich, auch dem Gast meines
Hauses eine Entschuldigung zu sagen, die einen
andern Klang haben muß, als die heutige. Das
kannst Du auf morgen verschieben. In welche
Worte Du Deinen Vortrag an beiden Stellen
einkleidest, ist Deiner Klugheit, Deiner gewandten
Rede anheimgegeben.

Aber, geliebte Agnes, entbinde mich des Be=
suches bei dem Fremden, der mir im Grund der
Seele verhaßt ist.

Nein, ich kann Dich davon nicht entbinden.
Er ist unter den Beiden diejenige Person, die am
gefährlichsten werden kann. Sein Mißtrauen ge=
gen uns ist noch größer, als das des Oheims.
Ich müßte blind sein, wenn ich nicht gleich am
zweiten Tage seines Hierseins gesehen hätte, er
habe sich in meine Maske, meine Büste — ver=
liebt, — (oh, über das scharfblickende Weib, dacht'
ich bei mir) — und Verliebte nehmen keine Rück=

sicht, wenn sie glauben, einen Nebenbuhler zu ha=
ben. Zudem ist mein Oheim unserm Gaste große
Verbindlichkeiten von lange her schuldig. Er hält
sehr große Stücke auf ihn; er hat volles Ver=
trauen in ihn gesetzt. Sie werden sich über den
Vorfall gegenseitig aussprechen, daran ist kein
Zweifel; und es wird bald geschehen, vielleicht
noch heute. Ja, ich möchte glauben, es sei zweck=
mäßiger, zuerst zum Gast zu gehen, und dann
zum Oheim, um diesem sagen zu können, Du
seiest bei jenem schon gewesen. Das wird Oel sein
in den Wellen des Zorns, von denen des Ohms
Seele mehr als erschüttert wird.

Alles, Alles will ich thun, was und wie Du
es willst, nicht weil ich mich überzeugt habe, daß
Du recht hast, sondern nur, weil es Dein Wille
ist, der vom schärfsten Verstande geleitet wird.

Du lieber, lieber Schmeichler, Du Mann mei=
nes Herzens, komm in meine Arme; horch', wie
es schlägt; es schlägt nur für Dich, Du Spender
der süßesten Freuden; ewig, ewig Dein!

Die Sprechenden verstummten. Dann vernahm
ich leises Geräusch; ich — hörte Bewegungen!
— Ist Deine Seele befriedigt, meine kleine Venus=
Heilige? seufzte die Stimme des Pfaffen. Ich...
sehe den Himmel offen; die Lust, die überschweng=

lichſte Luſt reißt mich hin, mein Herkules! Welch'
Vergnügen rieſelt durch meine Adern! Ach! himm=
liſche Freuden ſind mein! ich fühle, die Seele löſt
ſich mir vom Leibe........ Beherrſcher meines
Seins!

. . . .

. . . .

. . . .

Es wurde ſtill! Nach einigen Augenblicken ver=
nahm ich zuerſt die Stimme der Burgfrau.........
Nun aber, da wir in die Thore des Himmels
geſchaut, laß uns wieder herabflattern auf die
Schollen dieſer proſaiſchen Erde. Es bleibt dabei,
was wir vorher verabredet haben. Du befolgſt
ſtricte die Befehle, die ich Dir ertheilt habe. Gaſt
ſowol wie Ohm werden durch Dein Erſcheinen be=
ſänftigt werden; auch ich werde die harten Worte,
die ich beim Verlaſſen des Salons an den Erſtern
richtete, zu mildern, ganz auszulöſchen wiſſen, ein
Lächeln, ein Paar Blicke, damit bring' ich ihn
unter meine Gewalt. Wegen des Ohms iſt mir
gar nicht bange. Dann haben wir Alles wieder
im alten Gleiſe, und der Freund meines Oheims,
ein ganzer Weltmann (gehorſamer Diener, gnädige
Frau, dacht' ich) — wird thun, als wäre nichts
vorgefallen. Während der wenigen Tage, die er

noch bei uns zu bleiben gedachte — und wir
müssen Alles aufbieten, daß er bleibt — darf ich
als Wirthin des Hauses keine Pflicht der Gast=
freundschaft außer Acht lassen, damit er bei der
Rückkehr in seine Heimath sagen müsse, in den
Bergen da oben ist's doch schön! Ich rechne ganz
auf Deine Unterstützung, mein lieber, lieber Franz;
befolgst Du meine Befehle pünktlich, so weißt Du
ja, welcher Lohn Deiner wartet! nicht wahr, Du
weißt es, mein Herkules! Nun aber auch, gleich
an's Werk! — Doch was seh' ich, rief sie er=
schreckt aus, ist da nicht die Thür nur angelehnt?
Mit Einem Satz war ich zum Büchersaal hinaus,
— In demselben Moment, wo ich dessen Flügel=
thür zudrückte, hört' ich noch die Stimme der
Burgfrau, wie sie sagte: — Welch' ein Glück,
daß wir mit dem Schrecken davon gekommen sind,
es war Nichts. Nun aber fort, Franz! — Noch
einen Kuß zum Abschied, liebe Agnes! — Du
ungenügsamer Bösewicht!

Ich war auf meinem Zimmer. Ich mußte mich
sammeln; ich mußte meine — warum soll' ich dessen
Hehl haben — meine, durch das Gehörte, aber
diesmal nicht Gesehene sehr aufgeregte Einbildungs=
kraft in die gewöhnliche Bahn des Lebens leiten,
was um so nothwendiger war, als der — Herkules

mit jedem Augenblick eintreten konnte. Er ließ mir eine Viertelstunde Zeit. Ich war ihm dafür dankbar.

In den gewähltesten Ausdrücken trug er seine Entschuldigung vor. Geheuchelte Offenheit sprach aus seinen Zügen. — Vergessen Sie, und seien Sie mein Freund, es ist der Wunsch der Frau Baronin, wie der meinige; und gewähren Sie mir die Freundschaft eines edlen Mannes, so ruf' ich dessen Ehrenhaftigkeit und Vermittelung bei dem Herrn Baron an, dem gegenüber ich meine Stellung ganz vergessen habe. Ich bin noch jung, und in jungen Jahren ist man noch nicht Herr der menschlichen Schwächen geworden, die man Leidenschaften nennt, obwol es von einem Priester der Kirche am Ersten erwartet wird. Nicht wahr, ich scheide von einem Freunde?

Ich gewährte Alles! — Wol hast Du recht, dacht' ich, daß die Jugend nicht die Leidenschaften zu bewältigen vermag, vermag es denn das Alter? Es hängt von der Individualität ab, beschwichtigte ich mich!

Ich ließ mich beim Baron anmelden. Auf dem Gange dahin überlegt' ich, wie mein Benehmen, mein Vortrag einzurichten sei, aber ich war noch nicht mit mir eins, als ich eintrat. Eingedenk

4*

Deſſen, was ich horchend von der „Beherrſcherin des Heiligthums" vernommen, gelang es mir endlich, nach vielem Hinüber= und Herüberreden den Baron zu beſänftigen. Andreas meldete den Pfarrer. Ihm wurde Vergeben und Vergeſſen zugeſagt. —

Der Friede iſt hergeſtellt, aber bei mir wüthet im Innerſten der Seele ein Kampf, wie nie zuvor. Werd' ich Sieger ſein? Und geziemt es ſich, durch Tinte und Feder Scenen auf dem Papiere zu be= feſtigen, die in den tiefſten Schrein der Seele verſenkt ſein ſollten? Die gewöhnliche Denkweiſe antwortet: Es ziemt ſich nicht! Und doch nimmt ſie keinen Anſtoß an der Leinwand des Malers, auf der ſein Pinſel dieſelben Scenen, oder ähn= liche, vergegenwärtigt. Hat der Künſtler größere Freiheit, mehr Rechte, als der Schreiber einfacher Denkblätter?

14.

Am 14. Früh.

Die Vorgänge des geſtrigen Tages und das Aufbleiben während der halben Nacht, um die Erinnerung an dieſelben durch Niederſchreiben zu

feftigen, hat mich abgefpannt. Ich muß hinaus
in's Freie, Erholung zu fuchen.

Zwei Stunden fpäter.

Ich bin beim Baron gewefen, um ihn mit
meiner Abficht, nach B.— gehen zu wollen, be=
kannt zu machen. Er billigt den Spaziergang
und giebt den Rath, den ganzen Tag auszubleiben.
Er meint, ich folle den Grafen T.— befuchen, in
deffen Haufe ich nach bekannter Weife wohl auf=
gehoben fein und Erheiterung finden werde. Mein
Nichterfcheinen bei Tafel will der Baron bei feiner
Nichte entfchuldigen.

Ich gehe!

Spät am Abend.

Graf T.— hat mich nach Haufe fahren laffen,
weil es fchon dunkelte, als ich fein gaftfreies Dach
verließ. Kaum war ich auf meinem Zimmer, als
Annemarie, die Zofe der Baronin, erfchien, um
mich zu ihrer Gebieterin auf morgen Vormittag
um elf Uhr einzuladen. Das ift alfo die Stunde,
die mir das Grünen und Blühen des Frühlings
auf einem Antlitz zeigen foll, das geftern beim
Abfchied von ftarren Eisfchollen des Winters be=
deckt war!

Beim Grafen T. — hab' ich einen vergnügten
Tag zugebracht. Ich habe meine heitere Stim=
mung wiedergewonnen. Seine Gemahlin ist eine
liebenswürdige Wirthin, seine Töchter anmuths=
volle Wesen. Es war von der Baronin Y. — viel
die Rede. Die Damen waren voll ihres Lobes.
Man wunderte sich, daß sie nicht einen neuen
Ehebund schlösse. Mehr als ein junger Mann von
gleichem Stand und Rang habe sich um ihre Gunst
beworben; alle seien mit einem zierlich gewunde=
nen Korbe entlassen worden. Die junge Wittwe
trauere doch auch zu lange um ihren verstorbenen
Gatten. Freilich wären sie in ihrer kurzen
Ehe ein Herz und eine Seele und unzertrennlich
gewesen. Baron Y. — habe seine junge Frau auf
Händen getragen, während von ihr Alles gethan
worden sei, was sie ihm an den Augen habe ab=
sehen können. Und als der Baron gestorben, habe
sie oft, so erzählte die Gräfin, von ihrem Unglück,
von ihrem unendlichen Leid gesprochen, für das
sie nur das Grab als einzigsten sichern Hafen
sehe, in den sie aus dem wogenden Meere des
Schmerzes und des Elends einlaufen könne. Jetzt
aber habe sie ihren frühern Frohsinn wieder er=
langt; und das sei das Werk ihres Burgkaplans,

des Pfarrers, der ihr die Tröstungen der Religion gespendet habe.

Oh, dacht' ich, wenn Du, edle Frau, wüßtest,
was für Art die Tröstungen sind, die der Pfaff
spendet, Du würdest anders urtheilen, Du würdest Dich entsetzen!

—

15.

Am 15. Mittags.

Ich bin bei der Burgfrau gewesen. Nachdem
sie mich über meinen Besuch im Graf T.—schen
Hause ausgefragt, kam sie auf den eigentlichen
Zweck ihrer Einladung. Holdselig war ihr Lächeln, verführerischer denn je der Blick ihrer schönen Augen, voll unendlichem Reiz der Seele,
der sich mir tief in die Brust senkte. Und wie
wohllautend klang die Stimme, mit der sie zarte
Worte der Entschuldigung sprach? Wer kann diesem Weibe widerstehen, wer so vieler Anmuth, so
vielem Liebreiz?

Noch Eins, lieber Freund, sagte sie, als ich
mich empfehlen wollte. Der Pfarrer hat mir gesagt, daß er heut' Abend den so lange versproche-

nen Vortrag über Religion halten wolle. Sie
werden doch daran Theil nehmen? An der Tafel
will er Sie noch besonders dazu einladen. — Ich
verbeugte mich und — ging!

In der Nacht vom 15. zum 16.

Wir sind an der Tafel unserer Sechs gewesen.
Kaum hatt' ich die Burgfrau verlassen, als Graf
T.— kam, mir einen Gegenbesuch zu machen. Natürlich stellte er sich der Herrin des Schlosses auch
vor, dem Baron und dem Fräulein Mathilde.
Er wurde zur Mittagstafel eingeladen. Er schien
das erwartet zu haben, denn er nahm die Einladung ohne Weiteres an.

Frohsinn herrschte in der Gesellschaft, deren
Unterhaltung durch Erzählungen des Grafen und
durch die Komik seines Vortrages, worin er Meister
ist, gewürzt wurde. Ich muß gestehen, die Anwesenheit des Grafen war mir sehr willkommen,
weil ich fürchtete, der Haber mit dem Pfarrer
könne wieder zum Ausbruch kommen, veranlaßt, sei
es von diesem selbst, sei es von Seiten des Barons. Von diesem war es eher zu besorgen, als
von jenem, da des Barons geradem Sinne in
hohem Grade die — Bissigkeit zuwider ist, die
der Pfarrer willkürlich oder unwillkürlich in die

Stimme legt, wenn sein Vortrag auf Widerspruch
stößt. Glücklicherweise hatte die Unterhaltung durch
des Grafen Gegenwart eine Richtung bekommen,
daß von einem Nachklang des frühern Zwiespalts
auch nicht die mindeste Spur zum Vorschein kam.

Es wurde viel von Literatur gesprochen; zu=
erst von der deutschen, dann von der französischen,
beide nach dem Zustande ihres gegenwärtigen
Stadiums. Von der französischen Literatur be=
hauptete Graf T.—, sie stehe heute noch auf dem=
selben Standpunkte, wie vor hundert und längeren
Jahren. Weder Inhalt noch Sprache hätten sich
verändert; begreiflich, weil das französische Volk
in seinen Sitten und Gewohnheiten keine Verän=
derung erlitten, keine Fortschritte gemacht habe.
Das Fleisch übe die Herrschaft, nicht der Geist.
So sei es im Königthum der Bourbons und in
der Republik gewesen, so sei es zur Stunde noch.
Wie anders ist es in unserm Volke, rief Graf
T.— aus; müssen wir uns nicht Glück wünschen,
einer Nation anzugehören, die kraft der ihr bei=
wohnenden natürlichen Anlagen den Geist auf er=
ster Stufe hält, Gewalt und Macht zu üben auf
das in zweiter Reihe stehende Fleisch.

Burgfrau und Burgkaplan warfen sich ver=
stohlene, vielsagende Blicke zu, und ich dachte: —

Lieber Graf, in welch' hellem und schönem Lichte
siehst Du Dein Volk, und wie dunkel und häßlich
ist die Finsterniß, die da lastet auf demselben
Volke! Doch tröstete ich mich mit dem Licht als
Regel und der Finsterniß als Ausnahme.

Der Baron wollte diesen Gegenstand noch wei=
ter verfolgen; allein die Burgfrau wußte dem
Gespräch, das ihr peinlich geworden zu sein schien,
durch eine geschickte Wendung eine andere Rich=
tung zu geben. Von den kirchlichen Zuständen der
Heimath ging sie auf das Allgemeine über, was
sie veranlaßte, auf das Concordat von 1855 zu
kommen, dessen Wohlthätigkeit für Kirche und
Staat, für Volk und Fürst sie an den Himmel
hob. Am Pfarrer hatte die Burgfrau einen mäch=
tigen Bundesgenossen, mächtig durch Kraft der
Rede, mächtig durch Sophistik.

Sie sagen da, fiel ihm der Graf in's Wort,
die Schicksale des deutschen Volkes seien durch
mystische Bande an die des Stuhles Petri gekettet;
mit ihm sei es gesunken, mit ihm werd' es sich
wieder erheben. Ich aber sage: das deutsche Volk
war aber da, ehe es einen Stuhl Petri gab, und
wird da sein, auch wenn die geschichtliche Auf=
gabe des Papstthums erfüllt ist und ihr Ende er=
reicht hat. Und es hat eigentlich schon jetzt keine

Aufgabe mehr, denn ich unterscheide mit so vielen
Gleichgesinnten Katholicismus und Romanismus.
Jener ist bildungsfähig und schmiegt sich den
einzelnen Nationalitäten an, wie dem allgemeinen
Bildungstriebe, sofern er nicht unter Roms Zwangs=
herrschaft steht.

Was sprechen Sie da für Ansichten aus, Herr
Graf! rief der Burgkaplan. Mit diesen An=
sichten haben Sie sich außerhalb der Kirche ge=
stellt. Sie sind ein Abtrünniger, ein Ketzer! Rom
allein ist der alleinseligmachende Schoß der Kirche!

Die Ketzerei nehm' ich auf mich, sagte der Graf
gelassen. Darf ich, zur Burgfrau sich wendend,
fortfahren in der Auseinandersetzung meiner An=
sichten, die der Herr Pfarrer für verdammungs=
würdig zu halten scheint, und die doch ganz ein=
fach aus dem Entwickelungsgange der Menschheit
und ihrer Geschichte entspringt?

Oh, mit Vergnügen hör' ich Ihnen zu, lieber
Graf, und Alle, die wir hier versammelt sind, deß
bin ich gewiß, mit Ausnahme etwa des Herrn
Pfarrers, — dem bei diesen Worten die Burgfrau
einen Blick des Einverständnisses zuwarf.

Nun denn, fuhr der Graf fort, so will ich
sagen, daß der Romanismus, auf der einen Seite
in allen Künsten weltlicher Politik sich zurecht

findend nnd zur Virtuosität sich selbst ausbildend,
auf der andern erstarrt und die Vegetation alles
Bildungstriebes ist.   Unser Volk ist eine lebendige
Persönlichkeit, und auch in seinem katholischen
Theile mit den keimenden und treibenden Mächten
der Gegenwart in Berührung und Zusammenhang.
Wer kann es leugnen, daß es nicht also sei, sogar
in unseren Alpenthälern, die bislang so verschlossen
gehalten worden sind.   Die verehrungswürdigen
Anwesenden wissen es, daß ich in Folge meiner
amtlichen Stellung jedes Thal unserer Berge und
seine Bewohner aller Stände ziemlich, ich kann
sagen, sehr genau kennen gelernt habe; und da
weiß ich denn auch, daß nicht in jedem Pfarr=
hause die Ansichten herrschen, welche der Herr
Pfarrer so eben zum Besten gegeben hat.

Dieser wollte einfallen, aber der Graf schnitt
ihm das Wort ab und fuhr fort: — Roms Stre=
ben, die Katholiken zu isoliren von dem, was ich
den gemeinsamen nationalen Lebenstrieb nannte,
der die confessionellen Verschiedenheiten ausgleicht,
wird und kann trotz aller Concordate keine andere
Folge haben, als .das endliche Abschütteln der
Bande, womit wir auf's Neue an Rom gekettet
worden sind.   Wie unser Alpenvolk, wie die Be=
wohner aller anderen Kronländer der Kaisermo=

narchie die mit Rom abgeschlossene Convention ansehen, wird sich immer mehr zeigen und zeigt sich schon jetzt. Die mystischen Bande werden abfallen und unser Volk dann erst in ein höheres Stadium der Entwickelung eintreten, wenn sie gefallen sind.

Das verhüte Gott in seiner Barmherzigkeit, schaltete der Pfarrer ein. Der Graf unterbrach sich nicht und sprach weiter:

Die deutsche Nation hat von Rom Nichts zu empfangen, was sie bedürfte; ihre Existenz ist von ihm ganz und gar unabhängig. Auf dem Gipfel ihrer Macht unter den sächsischen, fränkischen und hohenstaufenschen Kaisern hat sie ihre geschichtliche Mission durchgeführt im Kampf gegen Rom, und dieses hat Alles aufgeboten, um Deutschland nie zu Einem politischen Körper werden zu lassen. Als das Kaiserthum keine geschichtliche Mission mehr hatte, mehr zum Papstthum hinneigend, hat die Reformation den geistigen Kampf gegen Rom fortgesetzt. Jetzt steht das deutsche Volk wieder im Beginn eines neuen Kampfes mit Rom. Es wird ihn mit Gottes Hülfe durchfechten. Niemand unter uns, die Ultramontanen abgerechnet, will mehr wissen von Banden, die an Rom ketten!

Einverstanden, theuerster Graf, rief der Baron

lebhaft aus; auch zweifle ich nicht, daß meine
Nichte mit der Zeit andern Sinnes werde, —
vielleicht auch der hochehrwürdige Herr da drüben!

Diese Voraussetzung, schaltete der Pfarrer ein,
ist zu voreilig. Sie kann nie und nimmer in
Erfüllung gehen. Ein Priester der Kirche kann
nie von Rom abfallen, kein Pflichttreuer, am aller-
wenigsten ein Ueberzeugungstreuer, wie ich einer
bin. Und was Sie, Herr Graf, da von meinen
Amtsgenossen in anderen Thälern unserer Berge
gesagt haben, muß ich, mit Ihrer Erlaubniß, be-
zweifeln, ja bestreiten.

Der Graf wollte antworten, allein die Burgfrau ergriff rasch das Wort, um jeden Streit, bei
dem sie ihren geliebten Burgpfaffen in Gefahr
zu sein glauben mochte, abzuschneiden. Wie wäre
es, lieber Graf, wenn Sie den Abend über bei
uns blieben? Der Herr Pfarrer hat sich vorge-
nommen, „überzeugungstreue" Betrachtungen über
die Religion uns in längerm Vortrage mitzutheilen. Das wird Sie doch interessiren, wenn auch
Ihre Ansichten andere sein mögen!

Der Pfarrer warf der Sprecherin einen Blick
zu, der eben so viel Vorwurf als Warnung aus-
drückte. Die Burgfrau verstand ihn und verrieth
ein ängstliches Gefühl. Glücklich für sie lehnte

aber der Graf die Einladung in verbindlichen Worten ab. Er erwarte, sagte er, einige Freunde und sei auf's Schloß gekommen, um auch den Baron und mich einzuladen. Ueber die angenehme Unterhaltung habe er das bis jetzt rein vergessen.

Mein Oheim, sprach die Burgfrau, wird zu Ihren Diensten stehen, nicht wahr, lieber Ohm? Was aber meinen liebenswürdigen Gast betrifft, so dürfen Sie mir den heute nicht entführen. Seine Tage in unserer Gesellschaft sind, wie ich auch dagegen Einspruch gethan habe, gezählt, und da ist jede Stunde, in der er nicht gegenwärtig ist, ein Verlust für mich. Lassen Sie also Herrn *** bei mir, ich bitte dringend darum. Nicht wahr, Sie bleiben bei mir? wandte sie sich an mich.

Der Graf und ich verneigten uns mit zustimmender Geberde. — Andreas, auf den Klang der Schelle erscheinend, erhielt den Befehl, des Barons Reitpferd satteln und es mit dem des Grafen an das Portal führen zu lassen. Wir Uebrigen der Gesellschaft begleiteten die beiden Herren bis an ihre Pferde, die sofort bestiegen wurden. Noch einmal verbindlich grüßend ritt der Baron mit dem Grafen davon.

Als wir in's Schloß zurückkehrten, ging der

Pfarrer neben der Burgfrau, ich neben Mathilde, die mich lebhaft von Pferden und vom Reiten unterhielt; was es für eine Lust sein müsse, so von einem Renner getragen gleichsam durch die Luft zu fliegen. Wegen dieser Unterhaltung glaubte sich das Paar unbeachtet; allein der gute Gesichts= sinn für die Nähe und das scharfe Ohr ließ mich durch erstern sehen, wie der Pfarrer der Burg= frau Hand verstohlen faßte und sie zärtlich drückte, und mit dem zweiten die geflüsterten Worte der Burgfrau: — Im Boudoir!

Im Gesellschafts=Salon entließ mich die Ba= ronin bis zum Abend. — Präcise um 8 Uhr, sagte sie; nicht so, Herr Pfarrer? — Die Schloß= herrin hat hier allein zu befehlen, erwiderte er. Will der Herr, er nannte meinen Namen, mir die unverdiente Ehre erzeigen, Dem ein freundliches Ohr zu leihen, was ich über das Wesen der Re= ligion vorzutragen habe, so wird es mich unend= lich freuen. — Ich gab einige verbindliche Worte zurück. — Nun dann, um 8 Uhr, lieber Freund! Du, liebe Mathilde, hast wol die Güte, mit der Annemarie die Wäsch=Angelegenheit in Ordnung zu bringen, von der wir am Vormittage gesprochen haben. Sie, Herr Pfarrer, bitt' ich, in mein Ar= beits=Cabinet zu kommen; der Kreisbote hat heute ein Circularschreiben des — — (sie nannte den Namen einer Behörde) gebracht, wegen dessen Inhalts ich mit Ihnen Rücksprache halten muß.

Sollst Du Deinen Posten im Büchersaal ein= nehmen? fragt' ich mich unwillkürlich. Wenn Du es thust, begehest Du ein Unrecht? fragt ich wei= ter. Oh, dacht' ich: das verliebte und in allen Phasen des Liebegenusses schwelgende Paar ist vor mir sicher, wenn ich wieder ein ungesehener Zu= hörer seiner Zärtlichkeitsbeweise bin; denn der Mann bewahrt das Geheimniß eines Andern treuer, als das eigene, umgekehrt das Weib das ihrige besser, als das eines Andern. Wie schwankend, ach, ist der Mensch in seinen Entschlüssen? Bald will er Dieses, bald will er Jenes! Sollst Du gehen? Sollst Du bleiben?

Ich ging nicht, ich blieb, — ich blieb auf mei= nem Zimmer, — dachte und las! Um sieben Uhr ließ ich mich durch Andreas bei Fräulein Ma= thilde anmelden, in der Voraussetzung, daß sie die ihr übertragene Wäschangelegenheit beendigt haben würde. Das herzige Mädchen nahm mich freundlich an und auf. Mathilde hatte die Burg= frau noch nicht wieder zu Gesicht bekommen. — Das ist also eine lange Sitzung! Mathilde schlug vor, in den Büchersaal zu gehen, um ihr beim

Aufsuchen eines Buches behüflich zu sein. — Um
Gottes Willen, dacht' ich, wenn der Zufall die Pforte
des Venus=Tempels nur angelehnt hätte. — Ver=
schieben wir das, liebes Fräulein, bis morgen, es
dunkelt schon, und mit Kerzenlicht ein Buch zu
suchen ist doch immer bedenklich, besonders in Ihrer
Bibliothek hier, wo die offenen Bücherschränke mit
Gardinen versehen sind. Wenn ich nun die Un=
vorsichtigkeit beginge, die Gardine des Schrankes,
in dem, wie ich vermuthe, das gewünschte Buch
ganz oben steht — (ich kenne die Bibliothek schon
sehr gut) — mit der Kerze zu berühren, so wäre
das Unglück da. — Ja, Sie haben recht, das wäre
ja entsetzlich, wenn ich die Veranlassung zu einem
Brande werden könnte; ich gebe meinen Wunsch
für heute auf, und verschiebe seine Ausführung
auf morgen, dann sind Sie mir behülflich, nicht
wahr? — Ja, liebes Fräulein; ich weiß so unge=
fähr den Schrank und das Fach, wo das Buch
steht; es zu finden, wird nicht lange dauern.

Und nun plauderte das liebe Kind von ihrem
elterlichen Hause, wie Alles da so einfach und
ruhig zugehe, wie sie, die einzige Tochter, vom
Vater und von der Mutter so sehr geliebt werde,
und sie diese Liebe der Urheber ihres Lebens
durch gleiche Liebe zu vergelten suche. Aber auch

hier in diesem Schlosse, im Kreise dieser Familie
sei sie mit Liebe empfangen worden. Die Burg=
frau sei so gut, der Baron so edel, der Pfarrer
schildere in seinen belehrenden Gesprächen die
menschlichen Leidenschaften, wie es ihr vorkomme,
so klar und wahr, daß man unbedingt glauben
müsse, was er sage. Vom Neide z. B. sage er,
daß er das Verdienst auch dann noch ehre, wenn
er sich bemühe, es herabzuwürdigen. Die Tugend
stelle er über Alles; oft habe er gesagt, — Alles
vergeht, nur die Tugend nicht; und der größte
Schauplatz, den es für die Tugend giebt, ist das
Gewissen!

Plötzlich hielt die Sprecherin inne. Sie sah mich
mit Augen an, aus denen Gutmüthigkeit heraus=
schaute und Unschuld zu blicken schien, vermischt
mit einem nachdenklichen Zuge, der andeutete, sie
wolle mich ausforschen.

Warum sehen Sie mich so eigenthümlich an?
fragt' ich.

Mathilde besann sich eine kleine Weile, dann
sprach sie mit niedergeschlagenen Augen: Ich habe
zu Ihnen großes Vertrauen gefaßt. Es ging mir
der Gedanke durch den Kopf, ob ich es wagen
dürfe, Ihnen Etwas mitzutheilen, was mir schwer
auf dem Herzen liegt.

5*

Wagen Sie es nur immerhin, gnädiges Fräulein.

Ja, wenn ich wüßte, daß Sie mich nicht mißverstehen, mich nicht verkennen werden.

Wie sollt' ich die Mittheilungen einer so liebenswürdigen jungen Dame, wie Sie, gnädiges Fräulein, sind, mißverstehen, verkennen können?

Urtheilen Sie nicht zu früh, erwiderte sie und fügte nach kurzem Sinnen hinzu: — Nein, reden kann ich nicht davon; ich fühl' ein inneres Widerstreben, nicht nach dem Eindruck, den Ihr Ohr durch meine Erzählung empfängt, sollen Sie urtheilen, sondern nach dem Eindruck, welcher durch das Auge in die Seele bringt; nach diesem Ausdrucke mögen Sie Ihr Urtheil fällen und mir Rath geben, um den ich Sie bitte.

Wie hab' ich das zu verstehen?

Ich will's Ihnen sagen: Seit meinem Hiersein bin ich durch die Gespräche der Baronin und des Pfarrers, denen ich aufmerksam gelauscht habe, auf den Gedanken gekommen: zur Veredelung meines inneren Wesens, und zur Kräftigung der Tugend sei es ein vorzügliches Mittel, mir die Empfindungen stets gegenwärtig zu halten, die vom Anfang des Denkvermögens an mein Herz bewegt haben. Dadurch, mein' ich, könne man bei fortschreitender, durch Erfahrung bereicherter Urtheilskraft das Böse vom Guten schärfer unterscheiden lernen.

Gewiß, liebes Fräulein, unterbrach ich sie; die Ansicht, die Sie da aussprechen, hat viel für sich; allein erwägen Sie auch auf der andern Seite, daß die Schwäche des menschlichen Verstandes oft ein großes Hinderniß ist, das Gute vom Bösen, das Wahre vom Falschen, das Schöne vom Häß= lichen, den redlichen Freund vom heuchelnden Schmeichler zu unterscheiden!

Das geb' ich gern zu; doch erwägen auch Sie, daß ein Jeder nach seinem individuellen Vermö= gen handelt. In dem Falle befind' ich mich denn auch.

Nun, mein gnädiges Fräulein, wie lautet denn der Inhalt des Buches, von dem Sie die Einlei= tung mir vorzutragen die Güte gehabt haben.

Um es kurz zu sagen: Ich habe die Gefühle und Empfindungen, die mich seit meiner frühesten Kindheit bewegt haben, zu Papiere gebracht. Wüßt' ich nun, daß Sie beim Lesen dieser Blät= ter ... und sie erröthete über und über ... auf einen Standpunkt sich stellen könnten, wie ich ihn mir wünsche, auf dem Sie Nachsicht walten lassen, und das Wohlwollen mir bewahren, von dem ich mir schmeichle, daß ich es besitze, so möcht' ich

Sie bitten, einen Blick in die Geständnisse eines
jungen Herzens zu werfen, das redlich bestrebt
ist, auf dem Pfade der Tugend nicht zu wanken,
nicht zu straucheln.

Alles dessen, was Sie da voraussetzen, können
Sie versichert sein! Also — Confessions sind es,
die die Liebenswürdigste ihres Geschlechts mir
mitzutheilen die Gnade haben will.

Daß die Männer das Schmeicheln doch nicht
lassen können! Was sagten Sie vorher: es wäre
schwer, den Freund vom Schmeichler zu unter=
scheiden! Muß ich eben jetzt nicht in derselben
Lage sein?

Nein, theures Fräulein! Sie können auf die
Redlichkeit meines Ihnen gewidmeten Wohlwollens
bauen, wie auf Felsengrund.

Nun denn, so übergeb' ich Ihnen mit vollem
Vertrauen die Blätter, welche die Geheimnisse
meines innersten Wesens enthalten, die eine wahre
und treue Schilderung vom Zustande meiner
Seele geben, von ihren Freuden und Genüssen,
von ihren Leiden und Gelüsten.

Und damit ging sie an einen Schreibtisch und
schloß mit einem Schlüsselchen, das sie aus dem
reizenden Versteck ihres jungfräulichen Busens
herausnahm, ein Fach auf.

Hier sind die Bekenntnisse, sprach sie, indem
sie mir ein verschlossenes Couvert übergab. —
Oeffnen, lesen Sie; aber nicht gleich. Lassen Sie
das Couvert noch zwei Tage unberührt. Während
dessen muß ich es mir noch überlegen, — und
dieser Gedanke kommt mir in diesem Augenblick,
— ob ich meiner an Sie gerichteten Bitte treu
bleibe, ob ich ihr treu bleiben kann. Versprechen
Sie, mir das Couvert nach zwei Tagen uneröffnet
zu zeigen? — Ich versprach es; ich steckte das
Couvert in die Busentasche.

Auf dem Schloßthurm schlug es acht Uhr. —
Wir müssen gehen, sagte Mathilde; die Baronin
und der Pfarrer werden schon im Salon sein;
sie werden auf uns warten, und das liebt meine
Cousine nicht. Also gehen wir! — Ich reichte ihr
den Arm; wir gingen.

Allerdings wurden wir seit einer Viertelstunde
erwartet. Die Burgfrau machte mir in der liebenswürdigsten Weise schalkhafte Vorwürfe, indem
sie auf meine Begleiterin blickte. Da ist dem
Herrn schon zu verzeihen, sagte sie, wenn man
in Gesellschaft einer jungen Dame ist, die so fröhlich, so gut zu plaudern weiß, wie Fräulein Mathilde, meine sehr geliebte Cousine. — Hat Dich
denn auch der Herr da gut unterhalten? — Ja,

Cousine, die Stunde, die wir beisammen gewesen
sind, ist mir wie eine Minute vorgekommen. —
So, dacht' ich, also auch Du, der Du die Un=
schuld selbst scheinst, hast schon Studien in der
Kunst der Verstellung gemacht; was erst werd'
ich in den Bekenntnissen lesen? — Das freut
mich, sagte die Burgfrau, und ich wünsche Dir,
liebe Mathilde, Glück zu der ......; sie unter=
brach sich. Kommen wir zur Sache; nicht wahr,
meine Freunde? Beginnen Sie, Herr Pfarrer!

Die Augen fallen mir zu; ich sehe nicht mehr,
was ich schreibe; die Feder bewegt sich mechanisch
auf dem Papiere; sie fällt mir aus der Hand....

16.

Am 16. Vormittags.

Längst hatte der gestrige Tag sich von dem
heutigen gesondert; vier Uhr schlug es auf dem
Schloßthurm, und der helle Klang des Glocken=
schlags zitterte durch die stille Nachtluft; ich hört'
ihn noch; dann sank das müde Haupt auf das
Blatt vor mir; es verlöschte die letzten noch nassen
Zeilen.

Das, was der Pfarrer gesprochen, hab' ich
tief in meine Seele gegraben. Ich glaube, mein
Gedächtniß wird mich nicht, oder doch nur wenig
täuschen; ich glaube, seinen Vortrag, wenn auch
nicht überall wortgetreu, doch vollständig dem
Sinne nach zu Papiere bringen zu können. Ich
will es mindestens versuchen. Er begann also:

Ich denke, daß ein Gott ist; denn das, was
in mir denkt, hab' ich nicht durch mich, ich hab'
es nur von Gott empfangen. Dieser Gott ist die
Allgüte! Das ist eine Wahrheit, die wir, geehrte
Anwesende, anerkennen; und die ganze Welt thut
es, wenigstens der denkende Theil der Welt. Got=
tes Güte giebt mir die Versicherung, daß, wenn
ich eifrig danach forsche, ob es ein wahrer, ein
echter Dienst sei, den er von mir verlangt, er mich
nicht täuschen werde; es wird mir gelingen, diesen
Dienst klar zu erkennen; wär' es anders, so würde
Gott eine Ungerechtigkeit begehen; er hat mir die
Vernunft verliehen, um mich ihrer zu bedienen,
mich zu leiten; kann ich sie besser anwenden?

Nicht wenig erstaunt' ich über diesen Eingang.
Erklärung fand er einigermaßen in des Pfarrers
neulichem Vortrag über das Wort Natur. Mein
Erstaunen wuchs, als er so fortfuhr:

Wenn ein gläubiger Christ nicht die Religion

unterſuchen will, warum will er denn wollen, wie er es wirklich thut, daß ein gläubiger Anhänger Mohameds die ſeinige unterſuchen ſolle? Beide glauben, der Chriſt ſowol als der Mohamedaner, daß ihnen ihre Religion von Gott geoffenbaret ſei, die eine von Jeſus Chriſtus, die andere von Mo= hamed.

Der Glaube kommt uns nur, weil Menſchen uns geſagt haben, Gott habe gewiſſe Wahrheiten geoffenbart. Aber andere Menſchen haben das= ſelbe den Anhängern anderer Religionen geſagt: welchen nun ſoll man Glauben beimeſſen? Um Das zu wiſſen, muß man unterſuchen; denn Alles, was von Menſchen kommt, muß unſerer Vernunft und ihrer Beurtheilung unterworfen werden.

Meine Spannung ſtieg mit jedem Satze, den der Pfarrer ſprach.

Alle Urheber der über die Erde verbreiteten Religionen haben ſich gerühmt, — Gott habe ſie ihnen geoffenbart; wem ſoll man glauben? Unter= ſuchen wir daher, welche Religion die wahre ſei; allein da Alles zu ſehr unter dem Einfluß der Eindrücke ſteht, die wir von Kindheit an oder durch die Erziehung empfangen haben, um ein geſundes Urtheil fällen zu können, ſo iſt es noth= wendig, dem lieben Gott jedwedes unſerer Vor=

urtheile von vornherein zum Opfer zu bringen, um sodann mit der Fackel der Vernunft eine An=gelegenheit zu untersuchen, von der unser Glück oder unser Unglück während unserer Lebenstage, wie für alle Ewigkeit abhängig ist.

Zunächst ist zu bemerken, daß es in der Welt vier Hauptparteien giebt; daß zum höchsten der zwanzigste Theil einer dieser vier Parteien katho=lisch ist, daß die Theilhaber der anderen Parteien von uns sagen, wir beteten einen Menschen, und das Brot an, daß wir die Gottheit vervielfältig=ten, und daß fast alle Kirchenväter sich in ihren Schriften widersprechen; was den Beweis liefert, daß sie nicht von Gott inspirirt waren.

Alle Religions=Veränderungen, die seit Adam's Zeiten durch Moses, Salomon, Jesus Christus, und in der Folge durch die Kirchenväter bewirkt worden sind, beweisen, daß alle diese Religionen weiter Nichts als das Werk der Menschen sind. Die Gottheit ändert sich niemals; sie ist unwan=delbar!

Gott ist überall und allerwegen; und dennoch wird uns in der heiligen Schrift erzählt, Gott habe Adam im irdischen Paradiese gesucht: **Adam ubi es**; und sei in demselben umherge=

wandelt und habe sich Job's wegen mit dem
Teufel unterhalten.

Die Vernunft sagt mir, Gott sei nicht einer
einzigen Leidenschaft unterworfen; und dennoch
läßt man in der Genesis, Kap. VI., den lieben
Herrgott es beklagen, daß er den Menschen ge=
schaffen habe; daß sein Zorn nicht fruchtlos ge=
wesen sei. In der christlichen Religion erscheint
Gott so schwach, daß es ihm nicht gelingt, den
Menschen dahin zu bringen, wohin er ihn haben
möchte; er straft ihn durch Wasser, darauf durch
Feuer; und doch bleibt der Mensch immer der
nämliche; er sendet die Propheten: die Menschen
sind noch immer dieselben; er hat nur einen ein=
zigen Sohn, den eingebornen: er sendet ihn auf
die Erde, er opfert ihn sogar, und dennoch ver=
ändern sich die Menschen in Nichts. Was für
lächerliche Seiten legt die christliche Religion der
Gottheit bei!

Jedermann räumt ein, daß Gott das thut,
was in Ewigkeit vorgehen soll; allein Gott, sagt
man, kennt das, was sich aus unseren Handlungen
ergiebt, erst dann, wann er vorhergesehen, daß
wir seine Gnade mißbrauchen und bestimmte Hand=
lungen begehen würden; nichtsbestoweniger geht
aus dieser Kenntniß hervor, daß Gott, indem er

uns schuf, gleichzeitig wußte, wir seien für alle
Zeiten unglücklich und ewiger Verdammniß ver=
fallen.

Man sieht in der heiligen Schrift, daß Gott
Propheten gesendet hat, die Menschen zu warnen
und zur Besserung aufzufordern. Nun aber wußte
Gott, der Alles weiß, daß die Menschen sich nicht
bessern würden, mithin setzt die heilige Schrift
voraus, Gott sei ein Betrüger. Diese Ideen,
lassen sie sich mit der Gewißheit in Einklang bringen,
die wir von der unendlichen Güte Gottes haben?

Man nimmt an, Gott der Allmächtige habe
einen gefährlichen Nebenbuhler in dem — Teufel,
der ihm unaufhörlich, wider Willen, drei Viertheile
der kleinen Zahl Menschen entreiße, die er aus=
erwählt hat, für die er seinen eingebornen Sohn
geopfert und, ohne sich um den Ueberrest des
Menschengeschlechts zu kümmern. Was sind das
für bejammernswürdige Abgeschmacktheiten?!

Der christlichen Religion zufolge können wir
nicht anders sündigen, als durch Versuchung, und
der Teufel ist, so sagt man uns, der Versucher.
In der That, Gott hätte nur den Teufel zu ver=
leugnen, und wir Alle, Alle wären gerettet. Was
für Ungerechtigkeit auf Seiten Gottes, oder was
für Machtlosigkeit?

Eine ziemlich große Anzahl von Priestern der katholischen Religion giebt vor, Gott gebe uns Gebote, behauptet aber auch, daß wir sie nicht erfüllen könnten ohne die Gnade, die Gott nach Gefallen austheilt; und dennoch lassen diese Priester Gott diejenigen Menschen strafen, welche jene Gebote übertreten. Welcher Widerspruch! Kann man sich eine monstruösere Gottlosigkeit denken?

Es kam mir vor, als vergingen mir die Sinne über das, was ich hörte. Ich wollte sprechen. Die Burgfrau ließ es dahin nicht kommen: — Oh, bitte, bitte, unterbrechen Sie den Pfarrer nicht; Alles, was er sagt, spricht den einfachen Menschenverstand als eine Wahrheit an, von der man Ueberzeugung gewinnen muß.

Der Pfarrer verbeugte sich und fuhr fort:

Giebt es, meine geehrten Freunde, etwas Jämmerlicheres, als wenn wir sagen hören und sagen müssen: Gott ist rachsüchtig, mißgünstig, zornig; wenn wir unsere Gebete an die Heiligen richten; als wenn diese Heiligen überall wären, wie es Gott ist; als wenn diese Heiligen in die Herzen der Menschen sehen und sie hören könnten?

Der katholische Christ sieht die Heiligen der Kirche doch nur als Fürbitter, als Vermittler, oder dergleichen an, ist's nicht so? — fuhr ich

d'rein, um dem Pfarrer den Faden seines Vortrags
möglicher Weise abzuschneiden, aber es gelang
nicht, er spann den Faden weiter so ab: —

Wie lächerlich ist es zu sagen, daß wir Alles
zu Ehren Gottes thun sollen! Kann die Herrlich=
keit Gottes durch die Einbildungskraft, durch die
Handlungen der Menschen vermehrt werden? Kön=
nen sie überhaupt zu seiner Mehrung Etwas bei=
tragen. Ist Gott nicht an sich selbst genug?

Wie haben sich die Menschen nur die Vorstel=
lung machen können, die Gottheit fühle sich ge=
ehrter, befriedigter, wenn sie einen Häring statt
einer Lerche, eine Wassersuppe statt einer Fleisch=
brühsuppe, einen Hecht statt eines Kalbsbratens
äßen; und daß dieselbe Gottheit sie für ewige
Zeiten verdammen werde, wenn sie an gewissen
Tagen der Brühsuppe den Vorzug geben würden.

Schwache Sterbliche, die Ihr seid! sprach der
Pfarrer mit erhobener Stimme. Ihr glaubt Gott
beleidigen zu können; könnt Ihr einen König,
einen Fürsten beleidigen? Sind sie vernünftig,
sie würden Eure Schwäche, Eure Unmacht ver=
achten. Man verkündet Euch einen rächenden
Gott, und doch sagt man Euch, die Rache ist ein
Verbrechen! Was für Widerspruch! Man ver=
sichert Euch, dem Beleidiger verzeihen ist eine

Tugend, und dennoch wagt man es, Euch zu
sagen, Gott räche die Sünde, selbst eine unwillkür=
·liche, durch eine Ewigkeit von Strafen.

Giebt es einen Gott, sagt man, so giebt es
auch einen Gottesdienst. Indeß, zugeben muß
man, daß es vor Erschaffung der Welt einen
Gott gab, aber keinen Cultus. Ferner, seit der
Schöpfung giebt es Thiere, die aber dem lieben
Gott kein Zeichen der Verehrung und Anbetung
weihen. Gäbe es auf der Welt gar keine Men=
schen, so würde es doch immer einen Gott geben,
Geschöpfe, aber keinen Gottesdienst. Man kann
es eine Manie des Menschen nennen, daß sie die
Handlungen Gottes nach ihren eigenen Handlun=
gen beurtheilen.

Die christliche Religion giebt einen falschen
Begriff von Gott; denn die menschliche Gerechtig=
keit ist ihr zufolge ein Ausfluß der göttlichen
Gerechtigkeit. Nun aber können wir auf Grund=
lage der menschlichen Gerechtigkeit nicht umhin,
Gott zu tadeln, daß er leidenschaftlich verfahren
ist gegen seinen eingeborenen Sohn, gegen Adam,
und daß er fortfährt, also zu handeln gegen alle
die Völker, denen er niemals gepredigt worden,
gegen die Kinder, die er vor der Taufe wieder zu
sich nimmt.

Die christliche Religion verlangt von den Men=
schenkindern, daß sie nach der absolut größten
Vollkommenheit streben sollen. Ihr zufolge ist der
ledige Stand vollkommener als der Ehestand;
nun aber leuchtet es ein, daß das vollendetste
Christenthum die Vernichtung des Menschenge=
schlechtes anstrebt. Wenn es den Priestern und ihren
Predigten gelänge, — in achtzig oder hundert Jah=
ren würde das menschliche Geschlecht ausgerottet
sein. Eine Religion, die so was lehrt, kann die
von Gott stammen?

Wer tugendhaft ist, kann eine Religion nicht
hassen, die die Tugend lehrt! warf ich ein. Ohne
sich unterbrechen zu lassen, fuhr der Pfarrer fort:

Giebt's etwas Abgeschmackteres, als wenn wir
Priester, Mönche oder Andere gegen Entgeld für
uns beten lassen: Gott möge uns Dieses oder
Jenes gewähren? Das kommt mir fast so vor,
als wenn der Andreas hier im Schlosse zu mir
käme mit der Bitte, ich möchte für ihn beim Statt=
halter dieses Landes etwas erbitten, und er wollte
mich für diesen Dienst mit einem Gulden be=
lohnen!

Die beiden Damen lachten bei diesem Ver=
gleiche hell auf.

Welch' Uebermaß von Tollheit, uns glauben

zu machen, Gott habe uns erschaffen, daß wir nur
thun sollten, was gegen die Natur ist, das nur
zu thun, was uns in dieser Welt nicht glücklich
machen kann! Verlangt man von uns, daß wir
uns Alles versagen sollen, was den Sinnen genug
thut, daß wir die Triebe ersticken sollen, die Gott
in uns gelegt. hat, was mehr könnte ein Tyrann
thun, der darauf rein versessen wäre, uns zu ver=
folgen vom Augenblick seiner Geburt bis zu dem
seines Todes?

Wer ein vollkommener Christ sein will, der
muß in der Unwissenheit verharren, er muß blind=
lings glauben, er muß Verzicht leisten auf alles
und jedes Vergnügen, auf Ehren, Reichthum;
er muß Vater und Mutter verlassen, Geschwister
und Freunde, er muß ledigen Standes bleiben,
überhaupt Alles thun, was den natürlichen An=
lagen und Trieben des Menschen entgegen ist.
Und doch wirken diese Anlagen und Triebe sicher=
lich nur durch den Willen Gottes. Was für
einen Widerspruch setzt das Christenthum in einem
Wesen voraus, das bis in die Unendlichkeit gerecht
ist und nur Güte walten läßt?

Weil Gott Schöpfer und Meister aller Dinge
ist, so müssen wir sie alle zu dem Gebrauch an=
wenden, für den sie geschaffen sind, und uns ihrer zu

dem Zweck bedienen, den er sich bei ihrer Er=
schaffung vorgesetzt hat; so weit wir durch die
Vernunft und die Gefühle, die er in unser Inne=
res gelegt hat, zu erkennen im Stande sind, welche
Absicht, welchen Zweck er vor Augen gehabt, um
sie demgemäß in Einklang zu bringen mit den
Interessen der Gesellschaft, die sich unter den
Menschen gebildet hat. Diese Interessen sind je
nach den Ländern sehr verschieden.

Gott hat den Menschen nicht geschaffen, damit
er sein Leben in Unthätigkeit und Trägheit ver=
bringe. Gottes Wille ist es, daß der Mensch
sich irgend einer Sache widme, deren Zweck sein
besonderer Vortheil ist, der aber mit der allge=
meinen Wohlfahrt im Einklange stehe. Gott hat
nicht das Glück Einzelner gewollt, er will das
Glück Aller. Wir müssen uns gegenseitig alle nur
immer mögliche Dienste leisten, vorausgesetzt, daß
diese Dienste nicht diesen oder jenen Zweig der
bestehenden Gesellschaft vernichten, und dieser
letztere Punkt ist es, der alle unsere Handlungen
leiten muß. Indem wir in alle Dem, was wir
thun, unsern Stand beachten, erfüllen wir alle
unsere Pflichten: mehr als das ist vom Uebel, nichts
als Hirngespinnst, Täuschung, Vorurtheil!

Was der Pfarrer in diesen letzten Sätzen

6*

sagte, ist Wahrheit, ist Weisheit. Ich drückte ihm meine Bewunderung aus. Es freut mich, daß Sie, wenigstens hierin, mit mir einverstanden sind, erwiderte er, und fuhr dann fort:

Alle Religionen, ohne Ausnahme, sind ein Werk der Menschen; es giebt keine, die nicht ihre Märtyrer, ihre vorgeblichen Wunder gehabt habe. Was beweisen die unsrigen mehr, als die der anderen Religionen?

Die Religionen haben Anfangs ihren Ursprung in der Furcht gehabt: Blitz und Donner, Sturm- und Hagelwetter vernichteten die Früchte, und das Korn, das den ersten Menschen, die auf der Erdoberfläche verbreitet waren, zur Nahrung diente. Ihre Unmacht, diese Ereignisse abzulenken, nöthigte sie, ihre Zuflucht zu Gebeten zu nehmen, die sie an Die richteten, welche mächtiger als sie selbst waren, und von denen sie glaubten, es walte bei denselben eine besondere Neigung vor, die Menschen zu quälen.

In der Folge haben ehrgeizige Männer, große Geister, große Staatsmänner, die in verschiedenen Zeitaltern aufstanden, die Leichtgläubigkeit der Menschen benutzt, sie haben Götter erfunden und verkündet, die wunderlich, seltsam, ja, die Wütheriche waren. Diesen Göttern haben sie Opferaltäre gewidmet; und sie haben es unternommen, Gesellschaften zu bilden, zu deren Führern, Häuptlingen, Gesetzgebern sie sich aufwarfen. Sie erkannten nicht selten, daß zur Aufrechthaltung dieser Gesellschaften es nothwendig sei, jedes ihrer Glieder müsse seine individuellen Leidenschaften, wie seinen Eigenwillen dem Glück der andern zum Opfer bringen.

Daher die Nothwendigkeit, ein Aequivalent durch zu hoffende Belohnungen und zu fürchtende Strafen in Aussicht zu stellen, wodurch die Menschen bewogen wurden, jene Opfer auf dem Altar der Allgemeinheit niederzulegen.

Jene Staatsmänner also sind es gewesen, die die Religionen der späteren Zeitalter erdacht haben.

Alle versprechen Belohnungen und drohen Strafen an, wodurch ein großer Theil der Menschen veranlaßt wird, dem natürlichen Hange zu widerstehen, der da treibt, sich des Vermögens, des Weibes, der Tochter eines Andern zu bemächtigen, sich zu rächen, zu lästern, den Ruf seines Nächsten anzuschwärzen, um den eigenen desto mehr hervorzuheben.

Die Religion ist der beste, wenn nicht einzige Bürge für die Sitten der Menschen; — warf

ich ein. — Gewiß, erwiderte der Pfarrer, und gerade
diesen Satz glaub' ich so eben, wenn auch mit
anderen Worten, ausgesprochen zu haben.

Die Ehre, fuhr er fort, ist in der Folge mit
den Religionen in Zusammenhang gebracht worden.
Die Ehre, eben so chimärisch, wie die Religionen
selbst, dem Glück der Gesellschaften eben so nützlich, wie dem eines jeden Einzelnen, wurde er-
sonnen, um eine gewisse Anzahl anderer Menschen
innerhalb der nämlichen Schranken und nach denselben Grundsätzen zusammen zu halten.

Es giebt einen Gott, Schöpfer und Regierer
alles Dessen, was ist — daran ist nicht zu zweifeln. Wir Menschen machen einen Theil dieses
Alls aus, und handeln nicht anders, als kraft
der urersten Grundsätze der Bewegung, welche
Gott dem All verliehen hat. Alles ist combinirt
und nothwendig, Nichts ist durch den Zufall erzeugt. Drei Würfel, die ein Spieler auswirft,
müssen unfehlbar den oder den Wurf geben, nimmt
man auf die Lage der Würfel im Becher und auf
die dem Wurfe gegebene Kraft der Bewegung
Rücksicht.

Das Würfelspiel giebt uns ein Bild von allen
Handlungen unseres Lebens. Der eine Würfel treibt
einen andern, dem er eine nothwendige Bewegung

mittheilt; und von Bewegungen zu Bewegungen
ergiebt sich physikalisch ein solcher Punkt. Eben so
der Mensch: er wird durch seine erste Bewegung,
durch seine erste Handlung unbesiegbar zu einer
zweiten, zu einer dritten Handlung u. s. w. ge=
führt. Denn sagen: Der Mensch will eine Sache,
weil er sie will, heißt Nichts gesagt; das setzt
voraus, daß das Nichts einen Effect erzeuge. Es
leuchtet ein, ein Bewegungsgrund, eine Ursache
müsse vorhanden sein, die ihn bestimmt, diese
Sache zu wollen, und so ist von Ursachen zu
Ursachen, von denen die einen aus den anderen
hervorgehen, der Wille des Menschen unumstößlich
gezwungen, diese und jene Handlungen während
des ganzen Verlaufs seines Lebens zu begehen,
von denen die letzte sich mit dem Würfelfall ver=
gleichen läßt.

Das Ende meiner Betrachtungen, geehrte An=
wesende, ist, daß wir Gott lieben sollen, nicht,
weil er es von uns verlangt, sondern weil es im
höchsten Grade gut und nützlich ist. Zu fürchten
haben wir nur die Menschen und die von ihnen
gemachten Gesetze. Ehren und achten wir diese
Gesetze, weil sie zur Förderung und Befestigung
der allgemeinen Wohlfahrt, davon ein Jeder von
uns seinen Antheil hat, nothwendig sind. Wenn

wir Gott lieben und unserm Leben eine Richtung
geben, daß wir die Gesetze der Menschen nicht
zu fürchten brauchen, dann hat ein Jeder von
uns der wahren Religion in seinem Herzen einen
Thron erbaut, von dem nach allen Himmelsgegen=
den Glückseligkeit über die Gesellschaft ausströmen
muß. Der wahrhaft religiöse Mensch bedarf dazu
nicht des Christenthums, das uns Chateaubriand
in seinem berühmten Werk vom Geist des Christia=
nismus, wie gläubig und heilig er sich anstellt,
als eine Rumpelkammer von Zierrath, Prunk und
Galla dargestellt hat, an deren Anblick der Welt=
mensch sein Ergötzen finde, — den nichtdenkenden
Frommen ein Gräuel!

Der Pfarrer hatte seinen Vortrag geschlossen.
Lauter Beifall aus dem Munde der Burgfrau
war sein Lohn. Oh, wie wahr, wie herrlich! rief
sie ein über das andere Mal aus. Ich glaube,
sie hätte dem Sprecher um den Hals fallen können,
so begeistert war sie von dem, was wir gehört
hatten. Und Mathilde stimmte in diese Beifalls=
bezeugungen mit ein. An mich sich wendend, sagte
der Pfarrer: —

Sie werden sich dessen erinnern, was ich mir erlaubte, Ihnen vor acht Tagen, gleichsam als Einleitung zu dem heutigen Vortrage, mitzutheilen.

Ich erinnere mich dessen sehr wohl, aber auch Ihrer damaligen Aeußerung, daß der Herr Baron Ihre Ansichten über Religion und Kirchenthum zum Theil billige. Das kann ich mir erklären, weil auch mir die unabhängige Denkart des Barons seit langen Jahren bekannt ist; wozu ich aber eine Erklärung nicht finden kann, ist, daß in den zuletzt vergangenen Tagen, wenn auf denselben Gegenstand die Rede gekommen ist, Sie sich als einen entschiedenen Vertheidiger des Kirchenglaubens und des Stuhles Petri, und in Folge dessen als einen Feind des Protestantismus gezeigt haben. Wie wollen Sie das erklären?

Sehr einfach, werther Herr, durch meine Stellung zum Patronat dieser Gemeinde, das zwar unserer verehrungswürdigen Frau Baronin gebühret, aber von dem Herrn Baron verwaltet wird. Abgesehen von dem geselligen Verkehr, den er mit meinen geistlichen Oberen unterhält, so steht er als Patron zu denselben auch in amtlichen Beziehungen. Wenn ich mich nun ihm gegenüber ganz so hingeben wollte, wie ich nach meiner innigsten Ueberzeugung denken muß, so

könnte der Baron möglicher Weise auf den Gedan=
ken kommen, die Ruhe und Zufriedenheit der Ge=
meinde wahren zu müssen, indem er mich wegen
meiner Freidenkerei zur Anzeige, und demgemäß um
Amt und Würden brächte. Die Klugheit gebietet es
mir daher, das zu scheinen, was ich nicht bin.
Es giebt zudem Wahrheiten, die die Quellen sind
der größten Unordnungen, weil sie alle Leiden=
schaften in Bewegung setzen. Das ist ein Er=
fahrungssatz, den ich auch zu berücksichtigen habe,
eingedenk, daß zur Förderung der Wohlfahrt des
Ganzen jeder Theil ein Opfer darzubringen hat.
Das einzige Gut, was uns nicht entrissen werden
kann, ist das Bewußtsein, eine gute Handlung
begangen zu haben; und eine gute Handlung ist
es gewiß, wenn ich das Resultat jahrelangen
Nachdenkens und emsigsten Studiums der Allge=
meinheit meiner Gemeinde zum Opfer bringe.

Andere Leute, dacht' ich bei mir, nennen eine
Handlung, wie die Deine, eine schlechte, weil sie
ein Erguß der Heuchelei ist.

17.

Am 16. Nachmittags, bis spät Abends.

Kaum hatt' ich die letzte der vorstehenden Zeilen geschrieben, als ein Bote von Fräulein Mathilde mit der Aufforderung kam, sie in den Büchersaal zu begleiten.

Das gesuchte Buch war bald gefunden.

Was ist es denn für ein Buch, welches gestern so sehnlichst gewünscht wurde? — Es ist: Siegwart, eine Klostergeschichte, erste Ausgabe mit Illustrationen!

Wie kommen Sie darauf, Fräulein Mathilde, ein Buch lesen zu wollen, welches einer längst überwundenen Epoche der deutschen Literatur angehört und von dem die Leute sagen, es wäre gar nicht zu lesen, ohne befürchten zu müssen, den Geschmack zu verderben?

Der Pfarrer hat es mir empfohlen, antwortete sie.

So, der Herr Pfarrer!

Ja, der Herr Pfarrer! Er meinte neulich, daß, nachdem ich Werther's Leiden von Goethe gelesen, ich dieses Buch zur Hand nehmen, und dann die ganze Reihenfolge der Bücher durchgehen möge, die sich an den Werther und den Siegwart anschließen. Dadurch würd' ich eine Uebersicht von den Veränderungen gewinnen, welche die schöne Literatur unserer Sprache von da an bis auf unsere Zeit erlitten hat.

Das ist ein empfehlungswerther Vorschlag, den der Pfarrer gemacht hat. Und ich wüßte keine Privat-Bibliothek, welche besser geeignet wäre, ihn auszuführen, als diese hier, die ja — wenn man sich so ausdrücken darf — eine verkörperte Geschichte der schönen Literatur der Deutschen, auch der Franzosen, ist. Der verstorbene Baron muß doch ein genialer Mann gewesen sein!

Ja, er war ein genialer, aber auch ein — schöner Mann! Ersteres hab' ich mir sagen lassen, die körperliche Eigenschaft beurtheil' ich nach eigener Anschauung; freilich war ich damals noch ein Kind, als er mit seiner noch ganz jungen Gemahlin, meiner lieben Cousine, bei uns zum Besuch war. Sein Bild, wie er mir erschien, steht mir noch vor der Seele. Er sah gerade so aus, wie das Portrait von ihm, welches in der Cousine Schlafzimmer hängt. Sie haben's doch schon gesehen?

Nein, gnädiges Fräulein, wie sollt' ich dazu gekommen sein? Männer dürfen das Schlafgemach

der Damen nicht betreten, es sei denn der Ehe-
mann der Dame.

Den Grund, warum das nicht geschehen dürfe,
seh' ich nicht ein, erwiderte Mathilde.

Das weibliche Zartgefühl verbietet es der
Dame, und dem Manne ist es geboten, dies Zartgefühl nie zu verletzen.

Ha, ha, lachte sie, wenn das, was Sie da
sagen, richtig wäre, so müßte die Cousine kein
Zartgefühl besitzen und dem Pfarrer ein solches
Gebot ganz unbekannt sein. Erstere Voraussetzung
hat keinen Grund, wie Sie selbst eingestehen
werden, und vom Pfarrer wissen Sie denn doch
auch wol, daß er, bei aller Freidenkerei in Sachen
der Religion, die Gebote des Anstandes zu beobachten weiß. Und dennoch hab' ich ihn oft mit
der Cousine in ihr Schlafzimmer gehen sehen.

So — — so! — — sprach ich sehr gedehnt.

Das Schlafzimmer, fuhr die Redselige zu sprechen
fort, ist gar zu hübsch eingerichtet. Das müssen
Sie sich von der Cousine zeigen lassen.

Ich wag' es nicht, die Frau Baronin darum
zu bitten.

Dann werd' ich es ihr sagen. Wie Alles in
diesem Schlosse so geschmackvoll eingerichtet, so

hat der verstorbene Baron Gustav das Füllhorn seines Sinns für's Schöne ganz besonders in diesem Gemach ausgeschüttet. Die Kunst, die darin herrscht, und die Kunstsachen, die darin hangen und stehen, machen einen überwältigenden Eindruck.

Ei, mein gnädiges Fräulein, Sie machen mich ja über die Maßen neugierig. Ist's denn möglich, bei all' dem Schönen, was dieses Schloß gleichsam zu einem Sitz von Göttern und Feen gemacht hat, noch Schöneres zu schaffen?

Sie werden selbst sehen und urtheilen! Ein Gegenstand ist jedoch in diesem Gemach, dessen Bedeutung ich noch nicht enträthselt habe. Es ist ein großer Rahmen, der über dem Ehebette hängt. Der Rahmen, vom feinsten Palisanderholz und mit allerliebstem Schnitzwerk geschmückt, — bei dem Worte „allerliebst" lächelte Mathilde, — scheint mir eigentlich nur der Deckel einer Art flachen Schrankes zu sein, in dem sehr wahrscheinlich ein höchst werthvolles Bild verborgen ist. An dem Deckel hängt ein sehr zierliches Vorlegeschlößchen von Gold, zu dem die Cousine den ebenfalls goldenen Schlüssel im Busen versteckt stets bei sich trägt. Ich glaube aber, daß auch der Pfarrer einen Schlüssel zu dem Rahmen hat; denn neu=

lich entfiel ihm, als ich gerade in seiner Nähe
stand, ein goldenes Schlüsselchen, das ich aufhob
und ihm darreichte. Es war auch von Gold und
hatte ganz die Größe und Gestalt des Schlüssel=
chens, welches die Cousine bei sich trägt. Ich ver=
muthe, daß es dem Baron Gustav gehört hat,
nach dessen Tode die Cousine es dem Pfarrer ge=
geben haben mag. Wenn die Cousine Ihnen das
Schlafzimmer zeigt, und ich gehe dann mit, so
bringen Sie doch ja auf Oeffnung des Rahmens.
Ich bin doch gar zu neugierig!

Ich werde mein Möglichstes thun, Fräulein
Mathilde, um Ihrer moralischen — Lüsternheit
— verzeihen Sie den Ausdruck — Befriedigung
zu verschaffen.

Da bin ich Ihnen schon im Voraus dankbar
verpflichtet ... Das Schlafgemach der Cousine und
der geheimnißvolle Rahmen darin hat uns aber
ganz abgelenkt von der Bibliothek, von der ich
sagen wollte, daß die Vorfahren der Cousine den
Grund dazu gelegt haben: der Urgroßvater zur fran=
zösischen Bibliothek, der Großvater zur deutschen;
denn er war ein Zeitgenosse von Gottsched, Lessing
und Goethe. Der Cousine Vater hat nicht so viel
Sinn für die schönen Wissenschaften gehabt, und
darum waren, obwol er die Fortbildung der Bi=

bliothek nicht ganz versäumt hat, große Lücken in derselben entstanden. Diese auszufüllen, um ein vollständiges Ganze herzustellen, ist des Barons Gustav emsigstes Bestreben gewesen. Bücher der schönen Literatur, welche, wenn ihnen nicht klassischer Werth beiwohnt, nur das Leben einer Eintagsfliege haben, und daher sogleich vom Büchermarkte verschwinden, hat er bei Antiquaren, in Leihbibliotheken, wo sie auch längst als ungangbare Waare in die hintersten Fächer, wenn nicht gar auf den Boden gebracht waren, ja selbst bei sogenannten Dütchendrehern in kleinen Material- und anderen derartigen Kramläden aufgesucht, und überall hin Auftrag gegeben. Diese Liebhaberei hat ihm viel Geld gekostet, wie ich mir habe sagen lassen.

Dafür hat aber auch Baron Gustav, fiel ich ein, in diesem Schlosse, außer den vielen Kunstschätzen, womit er und seine Gemahlin es geschmückt haben, ein Denkmal gesetzt, wie man es selten sieht, und von dem es nur zu wünschen ist, daß spätere Besitzer, mit demselben Sinne für die schönen Wissenschaften, es hegen und pflegen mögen.

Oh, dafür ist gesorgt. Baron Gustav hat ein bedeutendes Kapital ausgesetzt, von dessen Zinsen die Bibliothek stets auf dem Laufenden erhalten werden muß. Dieses Kapital ist unantastbar. Er hat lange vor seinem Tode durch letztwillige Verfü=gung eigenthümliche Anordnungen getroffen; z. B. die, daß die Sorge für die Ergänzung der Bibliothek dem jeweiligen, akatholischen Besitzer der Hofbuch=handlung in — — ausschließlich gehören solle. Der bezieht dafür einen festen Jahrgehalt und liefert die Bücher gegen einen ermäßigten Laden=preis. Ihm allein steht die Auswahl zu. Mit Hin=sicht auf die religiöse Stimmung, die seit alten Zeiten in diesem Lande herrscht, und auf die Ge=walt, welche die Geistlichkeit bei dem Tode des Barons bereits angefangen hatte, auch im bür=gerlichen Leben auszuüben, — das Concordat hatte dieses Land damals noch nicht, — ist ferner ver=ordnet worden, daß alle Stiftungen, die er in seinem letzten Willen zu Gunsten von Wohlthä=tigkeits= und anderen milden Anstalten gegründet hat, als erloschen zu betrachten seien, wenn irgend eine Kirchen= oder politische Behörde den Anlauf nehmen sollte, sich in die Angelegenheiten der Schloßbibliothek zu mischen.

Das ist ja eine Verfügung ganz eigenthümli=cher Art, wie Sie, gnädiges Fräulein, sehr richtig bemerken. Haben denn jene milden Stiftungen, trotz dieser Bedingung, die landesfürstliche Geneh=

migung erhalten? Sie wissen doch, daß diese zur
Annahme von derartigen Vermächtnissen erforder=
lich ist.

Ja, das hatte seinen Haken! Die Herren bei
der Regierung haben sich sehr lange besonnen;
endlich aber haben sie doch Ja gesagt. Die Größe
der Stiftungen ist es wol vorzüglich gewesen, die
sie dazu vermocht hat, vielleicht auch ein Blick in
die Zukunft: andere Zeiten, andere Sitten! Nun
aber geben Sie mir den Siegwart; — ich hielt
das Buch noch immer in der Hand; — ich bin
begierig, zu sehen, wie man vor achtzig Jahren,
oder wie lang' es her ist, gedacht und geschrie=
ben hat.

Noch Eins, gnädiges Fräulein, ehe Sie scheiden.
Nun, was denn?

Darf ich das Couvert Ihrer Bekenntnisse öffnen?
Ich bin doch auch gar zu begierig, zu wissen, was
eine schöne Seele zu bekennen gehabt hat!

Mathilde wurde über und über roth.

Nein, sagte sie; die Bedenkzeit, die ich mir
von Ihnen ausgebeten habe, ist nicht einmal
zur Hälfte abgelaufen; zwei Tage, hab' ich ge=
sagt, und deren Ende trifft erst auf übermorgen
früh.

Wir gingen mitsammen zum Büchersaal hin=
aus, sie auf ihr Zimmer, ich auf das meinige.

———

In dem Gesellschafts=Salon hört' ich sprechen;
ich erkannte der Burgfrau Stimme und die des
Pfarrers. Ist denn das saubere Paar unzer=
trennlich? fragt' ich mich und überwand den
Widerwillen, den mir das Lauschen und Horchen
einflößt; ich stellte mich an die Tapetenwand.

Höre, geliebter Freund, trotz alle Dem, was
Du gestern und auch früher schon über Religion
und ihr eigentliches Wesen gesagt hast, es genügt
nicht, meine Bedenken, meine Scrupel zu besei=
tigen.

Theures Weib, erklang die Stimme des Pfar=
rers, sei doch kein Närrchen; überzeuge Dich doch
endlich, daß die Ergötzungen, davon wir, Du und
ich, das vollste Maß des Genusses uns verschaffen,
rein, daß sie unschuldig sind, weil wir durch das
Geheimniß und den Anstand, den wir in unser
Betragen legen, weder Gott, noch den Menschen
zu nahe treten. Ohne diese Bedingungen, das
räum' ich ein, würden wir Aergerniß erregen und
gegen die Gesellschaft verbrecherisch handeln; unser
Beispiel könnte junge Herzen verführen, die von

· 7*

ihren Familien zu nützlichen Verwendungen für
das allgemeine Wohl bestimmt sein mögen, die
aber diese Bahnen vielleicht nicht betreten würden,
nur um mit dem Strome der Lust zu schwimmen.

Aber, lieber Franz, erwiderte die Burgfrau,
wenn unsere Ergötzungen unschuldig sind, wie ich
jetzt einsehe, daß sie es sind, warum denn nicht
alle Welt in der nämlichen Art und Weise unter=
richten, damit sich Jedermann denselben Genuß
verschaffen könne? Warum sollen wir nicht die
Früchte Deiner metaphysischen Meditationen unse=
ren Freunden, unseren Mitbürgern mittheilen,
weil doch wahrhaftig Nichts zu ihrer Ruhe und
zu ihrem Glücke mehr beitragen kann, als Das?
Hast Du mir nicht hundert Mal gesagt, es gäbe
kein größeres Vergnügen in der Welt, als das:
Glückliche zu machen?

Freilich hab' ich das gesagt, Agnes; ach, wie
schön Du doch bist! schaltete der Sprecher ein. —

Laß doch die Fadaisen jetzt, wo wir von so
ernster Sache sprechen, erwiderte die Burgfrau.

Ja, ich habe es gesagt, und ich bleibe dabei,
weil ich wahr gesprochen habe; aber wir müssen
uns auch hüten, den Dummköpfen Wahrheiten zu
offenbaren, die sie nicht begreifen, nicht würden
fühlen können, von denen sie sogar Mißbrauch

machen könnten. Diese Wahrheiten dürfen nur
Leute kennen, die denken gelernt haben, und
deren Leidenschaften so im Gleichgewicht stehen,
daß die eine nicht im Stande ist, die andere zu
unterjochen. Diese Art Menschen, männlichen
wie weiblichen Geschlechts, ist sehr selten; unter
hunderttausend Personen sind nicht zwanzig, die
sich an's Denken gewöhnen, und von diesen zwan=
zig wirst Du kaum vier finden, die in Wirklich=
keit Das sind, was man Selbstdenker nennt,
oder die nicht durch irgend eine vorherrschende
Leidenschaft sich fortreißen lassen.

Da stellst Du, lieber Freund, dem Abbilde Got=
tes ein entsetzliches Armuthszeugniß aus. Du
übertreibst!

Nein, Agnes, ich übertreibe nicht. Es ver=
hält sich wirklich so. — Weil es aber nun so
wenig denkende Menschen giebt, so muß man in
der Enthüllung von Wahrheiten, die sich auf die
Religion und auf die daraus entspringende Un=
schädlichkeit unserer beiderseitigen Ergötzlichkeiten be=
ziehen, außerordentlich behutsam sein. Und da
es wenig Menschen giebt, welche die Nothwendig=
keit wahrnehmen, sich mit dem Glücke der Nach=
barn zu beschäftigen, um dasjenige sie zu ver=
sichern, welchem man selbst nachjagt, so darf man

nur wenigen Perſonen klare Proben von der Un=
zulänglichkeit der beſtehenden Religion geben, die
dennoch eine große Menge Menſchen in ihrem
Thun und Laſſen beſtimmen, und ſie die Regeln
beobachten laſſen, welche, im Grunde genommen,
unter dem Schleier der Religion nur der Geſell=
ſchaft nützlich ſind, ſowol durch die Furcht vor
ewigen Strafen, als durch die Hoffnung auf ewige
Belohnungen, welche alle Religionen verheißen,
keine ausgenommen. Jene Furcht und dieſe Hoff=
nung ſind es, welche die Schwachköpfe leiten; ihre
Zahl iſt groß; die Ehre aber, die menſchlichen
Geſetze und das öffentliche Wohl, dieſe Trias iſt
es, von denen ſich die denkenden Köpfe lenken
laſſen: ihre Zahl iſt, wie ich ſchon ſagte, außer=
ordentlich klein.

Als der Pfarrer mit reden aufgehört hatte,
dankte ihm die Burgfrau in Ausdrücken, welche
ihre volle Befriedigung anzeigten. Du biſt anbe=
tungswürdig, geliebteſter Franz! rief ſie aus, in=
dem ſie eine Bewegung machte, von der es mir
vorkam, daß ſie ihm um den Hals fiel. Wie glück=
lich ſchätz' ich mich, Dich mein zu nennen, einen
Mann zu lieben, der ſo geſund denkt, wie Du.
Sei verſichert, daß ich Dein Vertrauen niemals
täuſchen und Deine Grundſätze auf's Strengſte be=

folgen werde. Wie könnt' ich auch anders! Hab' ich doch erst in Deinen Armen die köstlichen Früchte gekostet, die auf dem Baume des Lebens reifen.

Ich hörte Küsse, die von der einen, wie von der andern Seite gegeben wurden. Noch einmal gieb' mir Balsam von Deinen süßen Lippen! rief die Burgfrau in Extase aus.

Lagen sie sich noch in den Armen, oder hatte sich das Paar schon getrennt? Mein Gehör konnt' es nicht unterscheiden.

Plötzlich hört' ich aber die Salonthür öffnen. Der Baron war eingetreten.

Werden wir bald zur Tafel gehen, liebe Agnes? und wie nebenbei: Guten Morgen, Herr Pfarrer.

Es wird sogleich angerichtet sein, lieber Ohm.

Die Salonschelle ertönte.

Andreas, sagte die Burgfrau zum Eingetretenen, rufe Herrn *** zur Tafel. Er wird im Park sein, oder in der Bibliothek.

————————

Flugs war ich aus meinem Zimmer. Andreas fand mich im Büchersaal, in dem ich mich rasch auf einer Leiter nach dem höchsten Fach eines Schrankes geflüchtet hatte.

Als ich in's Speisezimmer trat, war die Ge=
sellschaft schon versammelt und im Begriff, Platz
zu nehmen.

Wo waren Sie denn? flötete die Stimme der
Burgfrau.

In der Bibliothek, gnädige Frau.

Sie stecken auch immer zwischen Büchern, selbst
in Ihrem Zimmer haben Sie sich unter Büchern
vergraben, wie ich gestern gesehen habe, als ich
während Ihrer Abwesenheit Revision hielt, ob die
Margareth (Name der Stubenmagd) auch Alles
in Ordnung hält.

Kann man sich einen bessern Genuß verschaffen,
als durch Lectüre, die freilich nur ein geringfü=
giger Ersatz ist für die Entbehrung geistreicher
Unterhaltung liebenswürdiger Frauen?

Ich finde, daß Sie eben nicht galant sind, fiel
Mathilde ein, hab' ich mich nicht redlich bemüht,
Sie in der Bibliothek zu unterhalten, freilich vom
Reichthum des Geistes ist dabei nicht die Rede.

Also waret Ihr in der Bibliothek zusammen,
horchte die Burgfrau.

Ja, liebe Cousine, Herr *** war so artig,
mir den Siegwart suchen zu helfen, und......

Ha, ha, lachte die Burgfrau. Die Klosterge=
schichte von Anno — na, ich weiß nicht, wann

dies sentimentale Zeug an's Licht der Welt ge=
stellt worden ist.

Was hast Du denn eigentlich gegen die Lectüre
dieses Buches, Agnes? fragte Mathilde mit einem
Tone des Vorwurfs. Hat es mir doch der Herr
Pfarrer empfohlen. Ist's nicht so?

Ja, bekräftigte dieser; ich habe Ihnen dieses
Buch empfohlen, weil sein Verfasser ein genauer
Kenner des menschlichen Herzens gewesen ist. Er
schildert die Freuden und Leiden, von denen unser
Herz bewegt wird, wie es mich bedünken will,
richtiger und wahrer, als Goethe in seinem Werther,
von dem übrigens der Siegwart nur eine Nach=
bildung ist. Ueberdem dient die Lectüre dieses
Buches auch zur Kenntniß des damaligen Standes
unserer Sprache. Vergleichungen mit der heutigen
Art des Schreibens können uns belehren, ob die
Sprache Fortschritte gemacht hat, oder ob sie
stillsteht, oder gar Rückschritte macht. Auch dieser=
wegen hab' ich Ihnen, gnädiges Fräulein, den
Siegwart empfohlen.

Siegwart hin, Siegwart her, fiel der Baron
ein, thut mir den Gefallen und legt den alten
Schmöker endlich zur Ruhe, laßt Euch lieber er=
zählen, in welche Gesellschaft ich gestern Abend
beim Grafen T.— gerathen bin. Und nun zählte

er eine Menge Perſonen auf, von denen mir nicht
eine einzige bekannt iſt.

Ah, ſagte die Burgfrau, der A.— war auch
da! Hätt' ich gewußt, daß der in der Geſellſchaft
ſein werde, ſo hätt' ich mich Euch zur Begleitung
angeboten, auch ohne Einladung des Grafen. Der
junge A.— iſt doch ein gar zu liebenswürdiger
Mann und unterhaltender Geſellſchafter.

Der Pfarrer ſchoß einen wüthenden Blick auf
die Burgfrau, die denſelben mit einem mitleidigen
Lächeln erwiderte, als wollte ſie ſagen: Schon
wieder einmal eiferſüchtig, mein Herkules!

Ja, ſagte der Baron, der junge A.— war mit
von der Geſellſchaft, und er hat, wie immer, zur
Unterhaltung weſentlich beigetragen. Dieſes Mal
war ſie aber gar ernſthafter Natur, etwas Luſtiges
oder Satyriſches, von dem ſeine Lippen ſonſt über=
fließen, kam geſtern nicht vor. Graf T.— war
noch voll von dem Gegenſtande, der hier an der
Tafel unſere Unterhaltung ausgemacht hatte. Er
kam bei ſich zu Hauſe gleich darauf zurück, und
da wußte A.— ſo viel zu erzählen, daß wir, —
um mich eines etwas derben Ausdrucks zu be=
dienen, — daß wir Alle Naſe und Mund auf=
ſperrten. Verzeihen Sie, Frau Nichte.

Ich danke Ihnen, Herr Ohm, daß Du nicht

den noch derbern vulgären Ausdruck in den Mund
genommen haſt; er würde unſer Aller Schönheits=
gefühl verletzt haben!

Du ſprichſt aber auch nur immer vom —
Schönen, als wäre das Schöne der Regierer der
Welt; mich dünkt, das Gute iſt es und das Ge=
rechte.

Ich ſtimme Dir vollkommen bei, allein das
wirſt Du mir doch zugeben, daß gut und recht
handeln etwas Schönes iſt.

Du biſt eine kleine Rechthaberin, liebe Agnes,
der man gern beiſtimmt und unwillkürlich bei=
ſtimmen muß, beſonders wenn ſie recht hat. Doch
laß mich nun auch erzählen, was der junge A.—
erzählte.

Oh, er wird Euch vortrefflich unterhalten haben,
er beſitzt das Talent des Erzählens in hohem Grade,
und wie wohlklingend iſt ſein Organ!

Wiederum ſchoſſen dem Pfarrer Blitze aus
den Augen, die von der Burgfrau auf dieſelbe
Weiſe wie vorher aufgefangen wurden.

Aber, liebes Kind, Du unterbrichſt mich auch
immer; laß mich denn doch endlich zu Worte
kommen. Der junge A.— iſt in den letzten acht
Tagen in den Thälern und auf den Alpen dies=
ſeit und jenſeit des Jöcherkamms umhergewan=

dert. Ihr wißt, wie ihm das Vergnügen macht, in den Schlössern, Dörfern, Pfarrhäusern und den Sennen vorzusprechen. Ueberall ist er gern gesehen; Alt und Jung kennt ihn, der Baron wie der ärmste Senner. Und wie lieb haben ihn erst die Sennerinnen!

Also die haben ihn besonders lieb, und er sie auch wol? warf die Burgfrau fragend ein.

Warum sollten sie den schönen jungen Mann nicht lieb haben, und warum er nicht wieder die Sennerinnen, und besonders die Vollen, die er nicht fürchtet, nur die Mageren fürcht' ich, sagte er noch gestern Abend. Aber Kind, nun mußt Du mich auch nicht mehr unterbrechen.

Du wirfst, lieber Ohm, aber auch so viel Piquantes in Deine Erzählung, daß Du den Faden der Geschichte ganz verlierst. Sei doch nicht so liebenswürdig weitschweifig!

Ich werde mich kurz fassen, fuhr der Baron fort. Der junge A.— theilte uns mit, überall im ganzen Lande, wo er eingesprochen, herrsche eine große Aufregung. Das Concordat habe große Unzufriedenheit hervorgerufen, besonders unter den Pfarrern. — Merken Sie das, Herr Burgkaplan, warf er diesem hin. — Sie äußern: das Concordat sei nicht zum Besten der Kirche abgeschlossen,

nicht zur Wiedererweckung eines kirchlichen Sin=
nes in den Gemeinden, sondern ausschließlich im
Interesse des Stuhles Petri und der Bischöfe, die
nicht blos nach geistlicher Herrschaft und geistiger
Knechtung des Volkes streben, sondern auch den
Erwerb weltlicher oder zeitlicher Güter im Auge
haben als nervus rerum gerendarum in allen
Dingen. Das Papstthum fühle den Boden, auf
dem es in Italien stehe, unter seinen Füßen weg=
gleiten; einen andern Boden bei Zeiten sich zu
sichern, gebiete die Pflicht der Selbsterhaltung.
Zu diesem Boden habe man in Rom Deutschland
ausersehen, und in Wien dazu ein willig Ohr ge=
funden. Der Rauscher und andere Würdenträger
der Kirche hätten dem Kaiser und seinen Mini=
stern vorgestellt, wie die Kräftigung der kirchlichen
Gewalt das beste Mittel sei gegen Wiederholung
und zur Verhütung politischer Umwälzung. Die
Erzherzogin Sophie, sammt ihrem Priester=Anhang,
habe das Ihrige beigetragen, ihren Kaiserlichen
Sohn zur Annahme des Concordats zu bewegen.
So sei es gekommen, daß die politische Gewalt
in vielen sehr wichtigen Angelegenheiten des Staats=
lebens der kirchlichen Gewalt unterthan gewor=
den, insonderheit des Unterrichtswesens, von dem
und der Erziehung der heutigen Generation doch

die Zukunft der österreichischen Monarchie und die
dauernde Existenz des Kaiserhauses abhängig sei.
So, bemerkte der junge A.—, urtheilten die vor=
urtheilsfreien unter den Pfarrern in den ......
und den ......Thälern. Sie, diese Pfarrer,
glauben, daß sie mit der Zeit zu Maschinen der
bischöflichen Gewalt, zu wirklichen — Knechten
derselben erniedrigt werden würden, abgesehen
davon, daß auch ihre Pfarreinkünfte der Gefahr
ausgesetzt seien, geschmälert zu werden. Diese
Stimmung der niedern Geistlichkeit, von der A.—
behauptet, daß sie in der großen Mehrheit der=
selben vorwaltet, hält er für sehr bedenklich, und
darin mußten wir Alle in der Gesellschaft ihm
recht geben. Er meint, es würde von der Klug=
heit der Bischöfe unseres Landes abhängen, ob
und wie weit der Oppositionsgeist Nahrung fände
oder nicht; über kurz oder lang müsse er aber
doch zum Ausbruch kommen, wenn Rom die Zü=
gel, die ihm von Wien aus so willfährig in die
Hand gelegt worden seien, durch die Bischöfe
straff anziehen lasse. A.— verhehlte es nicht, daß
jener Geist der Unzufriedenheit überall in den
Schlössern, wo er eingekehrt sei, vorwalte, und daß
viele Dörfer und Sennereien von ihm ebenfalls
angesteckt seien.

Was sagen Sie nun, Herr Pfarrer, zu allen
diesen Neuigkeiten; bestätigen sie nicht das, was
Graf T.— und ich gestern hier an diesem Tische
gesagt haben?

Allerdings, Herr Baron, erwiderte der Pfarrer
mit Achselzucken.

Und verschmähen Sie es, irgend ein Urtheil
darüber zu fällen?

Ja, ich verschmähe es, wenn ich mir erlauben
darf, Ihnen, Herr Baron, Ihren eigenen Ausdruck
zurückzugeben.

Die Burgfrau, die wol fürchten mochte, daß
ihr Oheim den bittern Ton, in den derselbe ver=
fallen war, weiter fortspinnen werde, unterbrach
das Gespräch.

Wir haben noch nicht erfahren, wie Du, lieber
Ohm, die Gräfin und die Comtessen gefunden hast.
Waren sie alle wohl auf?

Die Damen befinden sich wohl und lassen Dich
und Euch Alle hier herzlich grüßen. Die Gräfin
bittet, daß Du bald mit Mathilden herüberkom=
men möchtest, je eher, desto lieber; doch wünscht
sie kurz vorher eine Anmeldung.

Warum aber erst diese Förmlichkeit?

Das ist, dünkt mich, Hausfrauen=Art; Dir,

liebe Agnes, ist es ja auch angenehm, vorher zu wissen, wann Du Besuch zu erwarten hast.

Cousinchen, fiel Mathilde ein, laß uns recht bald zur Gräfin fahren; die Comtessen sind so muntere Mädchen, daß man sich in ihrem Kreise, in dem nur Frohsinn herrscht, nicht anders als behaglich fühlen kann.

Ich werde in Ueberlegung nehmen, wann ich auf einen ganzen Tag abkommen kann, erwiderte die Burgfrau; denn auf ein Paar Nachmittags= stunden wär' es nicht der Mühe werth, die Pferde anspannen zu lassen.

Die Gesellschaft erhob sich. Der Baron zog den Pfarrer in ein Fenster, Mathilde die Burg= frau in ein anderes. Ich blieb allein vor einem der schönen Gemälde, mit denen die Wände des Speisezimmers geschmückt sind. Sie stellen alle Frucht= und Blumenstücke dar.

Nach einer Weile winkte mir die Burgfrau, zu ihr zu kommen.

Mathilde erzählt mir so eben, es sei Ihr Wunsch, mein Schlaf=Cabinet zu sehen. Außer meinem Gustav hat noch kein Mann dieses Ge= mach betreten.

Wirklich nicht? fragt' ich mit forschendem Blick, den Pfarrer im Sinne habend.

Nein, antwortete sie, noch kein Mann. — (Doch
aber, dacht' ich, Göttergestalten, wie Herkules
eine ist; und einen Gott im Sinne, mochte sie
glauben, keine Lüge zu sagen.) — Mit Ihnen
will ich eine Ausnahme machen. Ich lade Sie,
lieber Freund, demgemäß morgen zum Lever ein;
es wird nicht in dem großartigen Genre=Stil
sein, wie die Levers am französischen Hofe be=
gangen wurden, sondern ganz einfach; wir Drei
werden unter uns sein.

18.

Ich bin in dem Schlaf=Cabinet der Burgfrau
gewesen, ich habe ihrem — Lever beigewohnt.

Keine Einbildungskraft ist im Stande, sich
eine Vorstellung zu machen von der raffinirten
Kunst, die in diesem Cabinet verschwendet worden
ist, um bei einem nur sinnlich fühlenden Men=
schen die verwegensten Empfindungen hervorzu=
locken oder sie aufzustacheln. Alles in diesem Ca=
binet athmet Ueppigkeit, Wollust. Hymens Altar
ist Nichts dagegen. Wahrlich, Baron Gustav hat

es verstanden, dem Cultus des Fleisches einen
Tempel zu bauen, wie keiner vor ihm. Und Priester
und Priesterin waren würdig, in diesem Tempel
der Lust ihre Opfer zu bringen. Baron Gustav
ist, so zeigt's sein Bild, ein schöner Mann ge=
wesen, wie sein Weib schön ist, das auf dem
Altare zum opfern bereit liegt, verhüllt, — nein,
nur verschleiert! Das Blut siedete mir in den
Adern! Und an die Stelle des ersten Priesters
ist ein zweiter getreten, ein Priester, den die Prie=
sterin mit herkulischer Kraft begabt nennt, an den
sie sich gekettet fühlt für alle Ewigkeit. Oder hat
sich Mathilde getäuscht in dem kleinen Goldschlüssel
des mysteriösen Rahmens? Nein, sie hat sich nicht
getäuscht: wer in jenem Himmelreich von Hymen's
Altar herrscht, das doch nur ein unterer Himmel
ist, der wird auch in diesem obersten der oberen
Himmel herrschen; er muß es, es kann nicht
anders sein.

Ich sprach kein Wort, ich war ganz Bewun=
derung. Die Priesterin lächelte.

Mathilde blieb beim Anblick all' dieser lüster=
nen Bilder und Sculpturen gleichgültig und kalt,
als wär' sie ein Marmorblock gewesen. Oder
thut sie nur so? Ist sie daran gewöhnt? Ist das
weibliche Herz minder empfänglich für Reizungen,

wie sie hier geboten sind? Nein, das ist es nicht, es ist nur individualisirt, in dem einen Herzen ist die Empfindung stärker, in dem andern schwächer; das Temperament entscheidet!

Ich habe Sie, lieber Freund, zu meinem Lever eingeladen — flötete das reizendste der Weiber vom Ruhebett; Mathilde, Du hast wol die Güte, den Dienst der Kammerfrau zu übernehmen. — Ich wußte nicht, wie es geschah, aber mit einem Male stand die Burgfrau vor mir, in ein leichtes Morgen=Negligée gekleidet, dessen durchsichtiger Stoff die wundervollste Büste nicht ahnen ließ, nein, dem gefesselten Blick vor Augen legte. — Mathilde, sagte sie, reiche mir den Morgenshawl. — Mathilde that es, — die Büste war verhüllt! — Mathilde ging hinaus.

Wie gefällt Ihnen dieses Gemach?

Ich blieb stumm.

Sind Sie denn zur Salzsäule geworden? Sprechen Sie doch!

Die Ueberraschung, die Bewunderung läßt mich keine Worte finden. Dem Cultus des Fleisches vollendete Kunstwerke dieser Gattung zu weihen, die, weil sie naturgemäß sind, ihm eben so entsprechen, als die Kunstschöpfungen, welche der Glaube, in dem Sie, meine Gnädigste, erzogen

8*

worden sind, der Verehrung des Allerhöchsten
Wesens geweihet hat, ist ein Gedanke, den nur
die Begeisterung für das Reinmenschliche in unserer
Natur faßen und in so hoher Vollendung zur
Anschauung bringen konnte.

Es freut mich, daß Sie von dem Gedanken,
den Sie hier in die äußere Erscheinung treten
sehen, so ergriffen sind. Mein Gustav hat den
genialen Gedanken zur Einrichtung, Ausstattung
und Ausschmückung dieses Cabinets gehabt.

Ja, nur das Genie ist fähig, das zu schaffen,
was mich hier umgiebt. Und wenn Ihrem Gustav
dieses Genie beigewohnt hat, so glaub' ich mich
doch nicht zu täuschen, wenn ich heraus zu füh=
len vermeine, daß eine zweite geniale Kraft bei
dieser Schöpfung mitgewirkt hat. Schauen Sie
dort auf jenes Bild, hier auf diese Gruppe, eine
Zartheit der Formen und Stellungen, wie diese
sie vergegenwärtigen, kann nur aus einem weib=
lichen Gemüth entsprungen sein, das des Rein=
menschlichen sich geistig bewußt worden ist. Gustav's
Gefährtin muß ihr Gefühl haben walten laßen.

Wie Sie, lieber Freund, vorher Ihre Bewun=
derung ausgesprochen haben, so laß' ich auch der
meinigen freien Lauf über den Scharfblick, den
Sie so eben kund geben. Ja, ich gestehe, sprach

die Burgfrau, ich bin meinem Gustav etwas zur
Hand gegangen, weil er es wünschte; und gerade
die zwei Kunstwerke, die Sie bezeichnen, sind der
Idee nach, die sie ausdrücken, von mir geschaffen.
Worauf ich noch besonders aufmerksam mache, ist,
daß in diesen Bildwerken des Pinsels, wie des Mei=
ßels jedwede Anspielung auf mythologische oder
Ueberlieferungen aus der sogenannten heiligen
Geschichte vermieden worden ist. Meinem verstor=
benen Gustav kam es sehr komisch vor, Vorstel=
lungen aus unserm Leben, die bestanden haben,
so lange der Mensch auf die Welt gekommen, die
allen Zeitaltern und allen Völkern gemeinsam
sind, an bestimmte Epochen, an bestimmte Bege=
benheiten eines gegebenen Volks geknüpft zu sehen.
Er nannte das Prüderie, Scheinheiligkeit, Heu=
chelei, und diese Trias im Einzelnen wie im Ganzen
war seiner Sinnesart im höchsten Grade zuwider.
Der Mensch, wie er ist, soll hier vergegenwärtigt
werden in der Vorbereitung zum Akt der Fort=
pflanzung, bei dessen Vollstreckung Gott der Herr
den ganzen Organismus des Menschen von Ge=
fühlen durchrieseln läßt, die alle Empfindungen
übersteigen, die wir kennen, und die wir daher
beseligende nennen.

Die Burgfrau hielt inne und schien zu er=
warten, ich solle sprechen. Ich sprach nicht.

Es ist bezeichnend, fuhr sie fort, daß unsere
Sprache eben dieses Eigenschaftswort anwendet
auf Gefühle bei einer Handlung, die die Saat
ausstreut, der eine neue Seele entkeimen wird.
Zwei Seelen empfinden selige Gefühle bei Be=
seligung einer dritten Seele!

Sie hielt wiederum inne. Ich sprach noch
immer nicht.

Nehmen Sie Anstoß, lieber Freund, an dem,
was ich Ihnen da von dem Reinmenschlichen in
unserm Organismus vorplaudere?

Ohne meine Antwort abzuwarten, fuhr sie
fort —

Ich hab' Ihnen gesagt, lieber Freund, daß ich
eine Ausnahme mit Ihnen mache, Sie in diesem
Gemache zu empfangen und mit seinen Mysterien
bekannt zu machen, sofern ich die Bildwerke, die
wir hier sehen, so nennen darf. Nicht genug daran,
so mach' ich auch eine Ausnahme mit Ihnen in der
Rede, in demjenigen, was ich zu Ihnen sage, was
keines andern Mannes Ohr aus meinem Munde
vernehmen wird.

Nicht ein einziger aller übrigen Männer? fragt'
ich etwas gedehnt, zugleich forschend. Mochte sie

es ahnen, was mir durch den Sinn ging, wer von den übrigen Männern mir vorschweben könne, genug sie antwortete: —

Doch, Einer noch, — mein zweiter Gemahl. Wie mein Gustav in meiner Seele wie in einem aufgeschlagenen Buche gelesen hat, so wird es auch meinem zweiten Gemahl gestattet sein, sofern ich das Glück habe, Einklang der Seelen zu finden.

In dem Augenblick trat Mathilde wieder ein, gleich mit den Worten: —

Ich bin nun schon oft in diesem Cabinet gewesen, bei Tag und bei Nacht, — ach, Herr***, dann ist's erst recht schön bei dem matten Licht, das die Rubin-Ampeln verbreiten, die Alles wie mit Rosenflor überziehen, — und noch nie hast Du, liebe Cousine, mir gesagt, was der Palisander-Rahmen da bedeutet, oder vielmehr verbirgt, denn es hängt da an der Seite ein goldenes Schlößchen; öffnet das nicht einen Deckel, oder ein Thürchen?

Ja wol, ist's ein Thürchen!

Nun dann öffne es doch; ich bin gar zu neugierig zu sehen, was Du da für ein Geheimniß verborgen hast.

Du hast es ganz richtig bezeichnet, liebe Mathilde, der kunstreich gearbeitete Rahmen enthält

ein Geheimniß, und zwar mein Geheimniß; ein
Geheimniß muß aber geheim gehalten werden,
wo nicht, ist's kein Geheimniß mehr, ein Ge=
heimniß wird's bleiben, weil es so sein muß.

Ha, ha, lachte Mathilde, welche Anhäufung
des Wortes Geheimniß! Das ist doch ein arger
Verstoß gegen den guten Geschmack, für den Du,
liebe Agnes, sonst so schwärmst. An einem Male
wär's mit dem Worte Geheimniß genug gewesen:
der Zauberschrank enthält also wol ein Mysterium,
das zu lüften nur — ersten Kindern des Para=
dieses gestattet ist, weil es wahrscheinlich an den
Garten erinnert, wo der Mensch seinen Ursprung
nahm.

Die Burgfrau wollte antworten; in demselben
Augenblick wurde geklopft und Annemariens
Stimme ließ sich draußen hören: —

Gnädige Frau, der Herr Pfarrer läßt sich an=
melden und bitten, ihm Gehör zu schenken.

In einer Stunde werd' ich ihn empfangen;
sag' ihm das, Annemarie, und Du komm so=
gleich in's Toilettenzimmer mich anzukleiden.

Wir sehen uns bei Tafel wieder, bis dahin
Gott befohlen, mein lieber Freund!

Ich empfahl mich; Mathilde blieb zurück.

19.

Dieses Weib, dacht' ich auf meinem Zimmer, hat Das, was man die Emancipation des Fleisches genannt hat, und noch so nennt, auf den höchsten Gipfel gebracht! Bei so' viel Geist eine Lüder= lichkeit des Geistes, die der tugendhaften Schwester Grausen erregen muß. Oder, stellt sich diese nur so; ruht in aller Weiber Herz die Fleischeslust in gleichem oder ähnlichem Maße, und unter= scheidet sich Agnes von Y. von den Uebrigen ihres Geschlechts nur dadurch, daß sie aus ihren Em= pfindungen kein Hehl macht, und ihnen freien Lauf läßt über die Lippen, durch die Sprache, die doch nur bevorzugter Theil zu werden scheint!

Ich nahm einen Arm voll Bücher, um sie in der Bibliothek wieder einzureihen, und andere zu holen. Damit beschäftigt, hört' ich im Boudoir sprechen. Niemand anders konnt' es sein, als die Burgfrau und ihr — Herkules! Von Ma= thildens Bekenntnissen war die Rede; daß diese in meine Hände gelegt worden, und Mathilde noch unschlüssig sei, ob ich sie wirklich lesen solle, sie habe sich nämlich zwei Tage Bedenkzeit aus= gebeten, und dieser Termin liefe morgen früh ab.

Was ist das für eine Entsetzen erregende Un=
vorsichtigkeit von dem Kinde, rief der Pfarrer
mit erhobener Stimme. Der Fremde darf die
Geständnisse nicht lesen. Mathilde würde com=
promittirt, und wir Beide, Du, theure Agnes,
und ich, wären der größten Gefahr ausgesetzt,
unser süßes Geheimniß verrathen zu sehen. Die
dringendste Nothwendigkeit gebietet, daß Mathilde
sich morgen früh das Couvert uneröffnet wieder=
geben läßt. So viel Ehrenhaftigkeit trau' ich
Deinem Gaste zu, daß er das Siegel nicht ver=
letzt hat, ohne die Erlaubniß dazu gehabt zu
haben.

Ich hatte genug gehört, ich zog mich von der
Thür des Boudoirs zurück.

Plötzlich hört' ich von weiblicher Stimme einen
Schrei des — Entzückens, ich hörte Küsse.....

Mit Büchern unterm Arm ging ich stoisch in
mein Zimmer zurück.

———

Bei Tafel herrschte heute wie meist täglich
Frohsinn und Fröhlichkeit. Insonderheit war der
Baron unerschöpflich in Erzählung von Begeben=
heiten aus seinem Jagdleben, was überhaupt ein

Lieblings thema seiner Unterhaltung ist. Die Ge=
sellschaft hörte aufmerksam zu. Ich hatte die
größte Langeweile, wie sie mir jede Jagdgeschichte
einflößt. Oh, über das Jagdvergnügen, diese un=
edelste der sogenannten — noblen Passionen!

Morgen will die Burgfrau hinüber zur Gräfin
T.—. Sie sagte es Mathilden beim Dessert. Ich
warf dieser einen fragenden Blick zu, da morgen
früh die Bedenkzeit abgelaufen ist.

Darf ich fragen, gnädige Frau, zu welcher
Stunde Sie abzufahren gedenken?

Sie sind ja recht neugierig, lieber Freund!
wollen Sie etwa mit von der Partie sein? Ist's
der Fall, wobei ich nur gewinnen könnte, dann
muß ich der Gräfin unser Drei anmelden, was
um sieben Uhr durch einen reitenden Boten geschehen
soll; wir, Mathilde und ich, fahren um zehn Uhr.

Mit der Aussicht auf eine Lectüre, die mir
nicht blos über Mathildens Herz Auskunft zu
geben verspricht, sondern vielleicht auch Blicke
thun läßt in andere Verhältnisse, lehnt' ich die
Mitfahrt auf's Graf T.—sche Schloß ab, vorge=
bend, mich im Büchersaal noch in den Fächern
der Landesgeschichte umsehen zu wollen, was bei
der Reichhaltigkeit derselben wol den ganzen Tag
in Anspruch nehmen werde. Doch bat ich mir

die Erlaubniß aus, die Damen Abends abholen
zu dürfen, die von der Burgfrau mit holdem
Lächeln gewährt wurde.

Indem wir uns trennten, raunt' ich Mathilden
im Vorübergehen die Frage zu: —

Wann morgen früh?

Um 8 Uhr im Büchersaal, mit dem Couvert!

20.

Am 18. Vormittags.

Zur bestimmten Stunde bin ich an Ort und
Stelle gewesen; Mathilde folgte mir ein Paar
Minuten später.

Haben Sie Wort gehalten, fragte sie, haben
Sie das Couvert nicht geöffnet? Zeigen Sie
es mir!

Ich zog es aus der Busentasche und über=
reichte es ihr.

Dank, herzlichster Dank gebühret Ihnen, daß
Sie meinen Wunsch erfüllt und das Couvert
nicht erbrochen haben. Ich habe in diesen zwei
Tagen der erbetenen Bedenkzeit hin und her ge=
sonnen, ob Sie diese Bekenntnisse oder Geständ=

niſſe wirklich leſen dürften. Bald ſagt' ich mir
Ja, bald mußt' ich Nein ſagen! In dieſer Un=
entſchloſſenheit hab' ich es für's Beſte gehalten,
die Couſine um Rath zu fragen. Ich hab' ihr
Alles geſagt. Sie hat mich angehört und dann
nach längerm Sinnen ihr Urtheil dahin gefällt:
Unſer Freund darf Deine Bekenntniſſe nicht ˌalle
leſen; es ſteht zu viel darin, auf dem ein männ=
liches Auge nicht weilen darf, ohne ein ſchiefes
Urtheil über Dein innerſtes Weſen und den weib=
lichen Charakter überhaupt zu fällen. Denn wir
Frauen ſind doch einander mehr oder minder alle
gleich. Ich habe aber Nichts dagegen, wenn unſer
Freund eine Auswahl Deiner Denkblätter lieſet.
Laſſ' Dir alſo das Couvert zurückgeben, damit
wir bis zur Abfahrt dieſe Auswahl treffen. —
Sehen Sie, lieber Freund, das ſoll jetzt geſchehen.
Bei der Abfahrt geb' ich Ihnen dann das, was
Couſine Agnes ausgeſucht hat.

Mathilde empfahl ſich; ich widmete mich —
den hiſtoriſchen Fächern.

Sie ſind in dieſer Schloß=Bibliothek ſo reich aus=
geſtattet, beſonders, wie ich ſchon einmal in den vor=
liegenden Denkblättern angemerkt zu haben vermeine,
in der Geſchichte dieſes und der benachbarten Län=
der, daß derjenige, der nur einigermaßen Sinn

für die Kenntniß vergangener Zeiten hat, sich gar nicht von ihnen trennen kann. So erging es auch mir, und so kam es, daß es auf dem Schloßthurm zehn Uhr schlug, als ich eben erst wieder eine neue Chronik aus dem Bücherfach nehmen wollte.

Mit Einem Satz war ich an einem der Fenster der Halle, die auf den Schloßhof hinaussehen. Die Equipage stand bereit, der Bediente am Schlage, die Damen traten aus dem Portale.... Mit dem zweiten Satze war ich aus der Bibliothek hinaus,... mit dem dritten auf dem Schloßhofe und am — Wagenschlage.

Hier ist, sagte Mathilde, die Auswahl, von der Sie wissen!

Und sie wird, fügte die Burgfrau hinzu, Ihrer Discretion empfohlen. Kommen Sie diesen Abend nicht zu spät, damit auch die Comtessen T.— von Ihrer Gesellschaft profitiren können.

Ich werde mich beeilen, zur rechten Zeit drüben zu sein, insofern das, was ich in der Hand halte, — ich zeigte auf das abermals verschlossene Couvert, — mich nicht zu sehr in Anspruch nimmt!

Dann müßten Sie, lieber Freund, nicht lesen, sondern buchstabiren, und selbst für den Fall würden Sie die Zeit füllen können, sind es doch nur einige Blätter. — Auf Wiedersehen, lieber Freund!

Ich zog mich auf mein Zimmer zurück.

Ich öffnete das Couvert; ich zog mehrere Blättchen des feinsten Papiers, davon ein jedes nur auf einer Seite beschrieben war, heraus. Die Handschrift war zierlich, klein, aber deutlich. Die Blättchen waren nummerirt. Das erste hatte die Ziffer 1, das letzte die Zahl 24. Ich legte sie nach der Reihenfolge.

Auf dem ersten Blättchen steht Folgendes:

„Kaum war ich sieben Jahre alt, als meine mich zärtlich liebende Mutter, unaufhörlich mit der Sorge um meine Gesundheit und meine Erziehung bekümmert, wahrnahm, daß ich zusehends abmagerte. Unser Hausarzt wurde herbeigerufen und über meine Krankheit zu Rathe gezogen. Ich hatte beständig Appetit, der an Heißhunger gränzte; Fieber hatt' ich nicht, auch empfand ich nirgends Schmerzen, und dennoch nahm meine Lebhaftigkeit von Tage zu Tage ab, und ich bekam eine Schwäche, daß ich mich kaum auf den Beinen erhalten konnte. Meine Mutter, die um mein Leben fürchtete, verließ mich nicht mehr, Nachts ließ sie mich in ihrem Zimmer schlafen. Wie groß........"

Hier sind die folgenden Zeilen abgerissen. Das Blättchen mit der Ziffer 2 enthält offen=

bar eine Ergänzung des vorhergehenden; da las ich: —

„Bald erlangte ich meine Gesundheit und vorige Kräftigkeit wieder. Die Gewohnheit verlor sich, allein das Temperament nahm zu. Im Alter von neun oder zehn Jahren fühlt' ich eine Unruhe und Sehnsucht, von der ich mir keine Rechenschaft geben konnte. Mit den Kindern unseres Wirthschafts = Inspectors, Mädchen und Knaben, mit mir in gleichem Alter, versammelten wir uns in einer Scheune, oder in einem entlegenen Zimmer des Wirthschaftshofes. Da spielten wir Schulehalten. Ich besuchte nämlich die Dorfschule, wie das bei uns häufig, selbst in gräflichen Familien, Brauch und Sitte ist, wenn nur eins der Kinder des Hauses im schulfähigen Alter ist, wie es bei mir der Fall war. Der älteste Knabe machte den Schulmeister, und der geringste Fehler wurde mit der Ruthe bestraft."

Das sind die letzten Worte auf diesem Blättchen. Auf dem Blättchen mit der Ziffer 6 stehen nur ein Paar Zeilen, und zwar diese:

„In meinem elften Jahre mußte ich zum ersten Male zur Beichte gehen, und zwar nicht bei unserm Dorfpfarrer, sondern bei einem Ordensgeistlichen aus dem benachbarten Kloster — —, der zugleich Beichtvater meiner Mutter war. Jetzt ist er todt........"

Auf dem Blättchen Nr. 7, welches dem vorhergehenden unmittelbar folgt, las ich Folgendes:

„........ alle Dummheiten, alle kleinen Sünden, die ein Mädchen in diesem Alter begehen kann, hörte er an. Nachdem ich mich aller Fehler angeklagt, deren ich schuldig zu sein glaubte, sagte der gute Pater zu mir: — Du wirst, meine Tochter, einst eine Heilige sein, wenn Du fortfährst, auch ferner die Grundsätze der Tugend zu befolgen, die Dir von Deiner Mutter eingeflößt worden sind; vor allen Dingen höre nicht auf den Dämon des Fleisches. Du weißt, daß ich Deiner Mutter Beichtvater bin; sie hatte mich wegen des Geschmacks in Schrecken gesetzt, den sie bei Dir für Unzucht, das schändlichste aller Laster, gehalten hat; es freut mich, daß sie sich über den Grund der Krankheit, von der Du vor vier Jahren befallen gewesen bist, getäuscht hat. Ohne Deiner Mutter Bemühungen und Sorgen würdest Du an Leib und Seele verloren sein. Ja, ich bin jetzt überzeugt, daß......

Hier waren zwei Zeilen mit Tinte dick durchgestrichen, daß Nichts mehr davon zu erkennen war. „unfreiwillig waren; und ich bin ferner über=

zeugt, daß sie in der Schlußfolgerung, die sie zu Deinem Heile gefaßt hat, in einem Irrthume gewesen ist."

„Ueber das, was der Beichtvater mir sagte, in Schrecken gesetzt, fragt' ich ihn schluchzend, was ich denn gethan hätte, wodurch meine Mutter veranlaßt worden sei, so schlecht von mir zu denken. Er stand nicht an, mir in den mildesten Ausdrücken zu sagen, was vorgefallen sei, und von den Vorsichtsmaßregeln zu sprechen, welche meine Mutter...."

Das Blatt war damit zu Ende. Auf einem Bruchstück eines viel spätern Blattes, die Ziffer 19 tragend, stand: —

„Die Cousine schickt mich zu dem Herrn Pfarrer **; ihm soll ich mich anvertrauen; ich werde mich darüber nicht zu beklagen haben, meint sie."

Offenbar ist von der Burgfrau und dem Burgkaplan die Rede.

„Ich brach in Thränen aus und zitterte am ganzen Leibe, als ich das Zimmer verließ, um in die Schloßkapelle zu gehen, wo der Pfarrer eben die Beichte des Gesindes hörte. Als die Reihe an mich kam, verschwieg ich ihm nichts. Er hörte mir aufmerksam zu bis an's Ende, ohne mich zu unterbrechen, außer daß ich nähere Erklärungen über Einzelnheiten geben mußte, die er Anfangs nicht verstand. Was ich da höre, setzt mich in's höchste Erstaunen."

Wiederum waren mehrere Zeilen ausgestrichen. Dann las ich weiter:

„Wir können nicht immer der Versuchung wider= stehen: das Glück und das Unglück unseres Le= bens entscheidet sich oft durch die Gelegenheiten. Sei daher bedacht, diese zu vermeiden; kehrst Du in Dein elterliches Haus zurück, — und ich wünsche, daß dies lange hinausgeschoben werde, — so meide den Pater=Beichtvater Deiner Mutter, ohne jedoch Uebles von ihm zu sagen; letzteres verlangt die christ= liche Liebe. So lange Du aber in unserm Kreise weilst, schließe Dich auf's Innigste an Deine Cou= sine, die Frau Baronin, an; sie liebt Dich wie eine Schwester, und kann Dir keine anderen, als gute Rathschläge ertheilen, die Du unbedingt zu befolgen hast."

Abermals war ein Stück von diesem Blättchen abgerissen; das folgende Blatt war ohne Num= mer, und schien also eine Fortsetzung des vorigen zu sein. Was darauf steht, lautet so:

„Da außerdem dieses, ich wiederhol' es Dir, ein Bedürfniß ist, welches die unverrückbaren Ge= setze der Natur in uns erregen, so müssen wir

9*

auch aus der Hand der Natur das Heilmittel empfangen, welches ich Dir angebe, um jenes Bedürfniß zu befriedigen. — Wir haben nicht den Glauben, sondern die Ueberzeugung, daß die Naturgesetze göttlichen Ursprungs sind; — wohlan denn, warum sollten wir fürchten, Gott zu beleidigen, wenn wir unsere Bedürfnisse durch Mittel befriedigen, die er in uns gelegt hat, die sein Werk sind, besonders wenn diese Mittel die in der Gesellschaft errichtete Ordnung der Dinge nicht stören? So lange Du aber, meine liebe Tochter, nicht durch das Sacrament der Ehe gebunden bist, darfst Du es von keinem Manne leiden......"

Damit war dieses Blättchen zu Ende. Ich nahm das letzte, mit der Nummer 24, zur Hand. Darauf las ich:

„Mein Gewissen ist ruhig, und das verdank' ich meinem jetzigen Beichtvater, dem Herrn Pfarrer **, der mir weise Rathschläge gegeben hat, die sich mit den menschlichen Leidenschaften in Einklang bringen lassen. Ich sah ihn jeden Montag im Beichtstuhl, und jeden Tag hier in der Gesellschaft der Cousine; ich verlasse diese liebenswürdige Frau nicht mehr: die Finsterniß, die meinen Geist befangen gehalten, verschwindet; allmälig gewöhn' ich mich an's Denken, an's folgerechte Urtheilen. Wie Beispiel und Lehre doch große Meister sind, um Herz und Geist zu bilden! Wenn es wahr ist, daß sie uns Nichts geben, und daß jeder Mensch die Keime von Allem, wozu er fähig ist, in sich trägt, so ist doch so viel gewiß, daß sie dienen, diese Keime zu entwickeln und uns die Gedanken fassen und die Gefühle, deren wir fähig sind, erkennen zu lassen, welche, ohne das Beispiel, ohne Unterricht, für immer verloren sein würden!"

So schlossen die Bekenntnisse, so weit sie mir in die Hand gelegt waren. Auf einem kleinen Blättchen standen noch die Worte, die frisch ge=schrieben waren, denn der feine Goldsand deckte sie noch:

„Darf ich dem Pfarrer ganz trauen? Morgen um zehn Uhr im Büchersaal. Verbrennen Sie dies Zettelchen!"

Offenbar von der Burgfrau unbemerkt, hatte Mathilde es in's Couvert geschoben.

Dieses Zettelchen ist das wichtigste von all' den Blättchen, denn sein Inhalt giebt mir das Recht, diesem, ich will's hoffen, noch unschuldigen Kinde zu rathen, das, wie aus den naiven Bekenntnissen, wie es seine Denkblätter nennt, hervorzugehen scheint, schon im zartesten Alter von gewissen

Trieben heimgesucht worden ist. Und Mathilde rechnet auf den Priester der Kirche, daß dieser sie vor Irrwegen warnen und sie lenken solle auf dem schmalen Pfade der Tugend! Kann ein junges weibliches Gemüth von dämonischeren Klauen eines wüthendern Teufels erfaßt werden, als das hoffentlich noch unverdorbene Herz dieses armen Kindes von den scheinheiligen Reden des nichtsnutzigsten aller Männer, die die Tonsur tragen! Hat dieser schändliche Pfaff es nicht auf den moralischen Untergang auch dieses Mädchens abgesehen? Wol hat er das; ist doch sogar sein reizvolles Buhlweib damit einverstanden! Hab' ich's nicht neulich so erlauscht? Hat nicht die leibliche Cousine ihren Buhlen ermuntert, ihn aufgefordert, die junge Verwandte in die Mysterien der Fleischeslust einzuweihen? Ja, sie hat es; die Entartetste ihres Geschlechts, nicht genug am Selbstmorde ihres innern Menschen, sie will auch den Untergang der — Unschuld neben sich.

Mathilde muß fort, fort aus diesem Schlosse, aus der Pestluft, die hier in allen Räumen schwimmt, aus dem Höllenpfuhl, in dem die Sünde brodelt und schäumt, wie es uns schrecklicher nicht von dem entsetzlichsten der Bilder des jüngsten Gerichts vergegenwärtigt wird.

Und Du, Baron, Du der achtbaren und würdigen Männer, die ich auf langem Lebenswege
kennen gelernt habe, einer der achtbarsten und
würdigsten; ist denn kein Arg in Deiner Seele?
Siehet Dein Auge nichts von Dem, was um Dich
vorgeht? Etwas hat es doch schon gesehen; wie
sollt' ich mir sonst die Bitterkeiten erklären, die
dann und wann wol über Deine Lippen geflossen,
wenn Du mit dem Burgpfaffen in Wortwechsel
geriethest? Hast Du aber auch den rechten Fleck
getroffen? Nein, das hast Du nicht, sonst würdest Du gewiß, ich trau' es Deiner Ehrenhaftigkeit zu, dem Dinge ein Ende gemacht haben. Ist
es aber an mir, ihm die Augen zu öffnen? Giebt
mir die langjährige Bekanntschaft, die zur Freundschaft geworden, ein Recht dazu, legt' sie mir die
Pflicht auf?

21.

Nachmittags.

Bei Tafel waren wir allein, der Baron und
ich; der Pfarrer hatte sich entschuldigen lassen.

Es freut mich, lieber Freund, begann der

Baron, daß wir allein sind, besonders freu'
ich mich, daß der Pfarrer abgesagt hat. Ich weiß
nicht, ob Sie es schon gemerkt haben, aber ich kann
es Ihnen gestehen, selbst hier in Gegenwart unseres alten Andreas (der bei Tafel bediente), ich
kann den — Kerl nicht leiden; thut er doch so
fromm und gottesfürchtig, und wie hat er sich,
wenn auf den Zustand der katholischen Kirche
die Rede kommt, wie kämpft er doch für den Papst
und für Alles, was da in Rom der Mittelpunkt
der Christenheit sein will; — das ist Spiegelfech-
terei, der — Kerl denkt ganz anders, als er spricht;
nach mehreren Aeußerungen zu urtheilen, die ihm
in meiner Gegenwart entschlüpft sind, muß ich
ihn für einen Freidenker halten, wie er sich auch
dagegen wehren mag; und weil er sich wehrt, so
ist er ein — scheinheiliger Heuchler! Denkst Du
nicht auch so, Andreas?

Wenn der Herr Baron befehlen, erwiderte Andreas, meine Meinung äußern zu müssen, so möcht'
ich geneigt sein, Ihro Gnaden Ansicht die meinige
unterzuordnen.

Und Sie, lieber Freund, wandte sich der Baron an mich, was halten Sie vom Pfarrer?

Etwas verstimmt, daß die alte ehrliche Bedien-

tenhaut zuerſt aufgefordert worden war, erwiderte
ich ausweichend:

Um einen Mann, wie der hochehrwürdige Herr
Pfarrer iſt, richtig zu beurtheilen, muß man ihn
länger kennen, als ich das Vergnügen habe, den
Pfarrer zu kennen. Eine Bekanntſchaft von noch
nicht drei Wochen enthebt mich jedes Urtheils.

Unſer lieber Freund hier iſt ein ſchlauer Fuchs,
er will aus dem Bau nicht heraus, — wandte
ſich der Baron an Andreas.

Der aber antwortete: Da möcht' ich mir, Herr
Baron, erlauben, dieſelben Worte zu gebrauchen,
welche der gnädige Herr * * * ſo eben ausſprach:
eine Dreiwochen=Bekanntſchaft entbindet mich vom
Urtheil.

Gut geſagt, alter Fuchs! lachte der Baron.

Ich aber mußte, erregt von dem Gefühle, einen
Bedienten über mich urtheilen zu laſſen, doch
wol einen Zug der Unzufriedenheit auf meinem
Geſichte haben blicken laſſen, denn der Baron fiel
gleich ein mit den Worten: —

Nun, nehmen Sie's dem Andreas nur nicht
übel; Andreas iſt ein ſo alter Diener dieſes Hau=
ſes und er kennt die Verhältniſſe deſſelben
ſo genau, daß wir uns daran gewöhnt haben,
ihn als Familienglied zu betrachten, deſſen Rath

oft maßgebend gewesen ist; ich halt' es so mit Andreas, und meine Nichte eben so.

Sie vergeben also meine vorige Bemerkung? fiel Andreas fragend und an mich gewendet ein. Sollt' ich doch meinen, Sie hätten's schon gemerkt, wie lieb ich Sie gewonnen habe.

Die Treuherzigkeit des Alten rührte und entwaffnete mich.

Mais pour revenir à nos moutons, hob der Baron an, ich entbinde Sie Ihres Urtheils über den Pfarrer nicht, es liegt mir zu viel daran, es zu kennen, ganz besonders meiner Nichte gegenüber, mit der ich dieserhalb, wie Sie wissen, schon manches Sträußchen zu pflücken gehabt habe.

Wie kämpfte es in mir! Sollt' ich dem Baron Alles sagen, was ich wußte? Nein, dacht' ich, das — Donnerwetter schlägt immer noch zu früh ein; und Du selbst, dacht' ich weiter sehr selbstsüchtig, verdirbst Dir die Tage, die Du noch hier bist, in Gesellschaft dieses würdigen Mannes und der liebenswürdigen Mathilde, — auch in Gesellschaft der verführerischsten der Frauen, mag ihr Herz auch ein vulkanischer Herd sein, auf dem das Feuer der Sünde brennt und seine siedenden Dämpfe aufwallen läßt, auf der Oberfläche dieses

Vulkans ist doch Alles Ruhe, Alles Ebenmaß, Alles Liebreiz, Alles an ihr ist — schön!

Ich gebe Ihnen, fuhr der Baron während dieses Gedankenspiels fort, bis zur Abreise Bedenkzeit, und damit Sie recht lange Zeit zum Beobachten haben, denken Sie nicht an einen Termin der Abreise.

Da fällt mir eben ein, daß Sie unsere Damen abholen wollten. Ich hätte nicht übel Lust, mich Ihnen anzuschließen, zugleich aber auch vorzuschlagen, etwas früher, als Sie beabsichtigen mögen, uns auf den Weg zu machen. Wie wär' es, wenn wir uns um fünf Uhr zu Pferde setzten; dann kommen wir noch zeitig genug hinüber, um im Hause des Grafen T.— einen angenehmen Abend zuzubringen.

Auf meine zustimmende Bemerkung gab der Baron dem alten Andreas die nöthigen Befehle an den Reitknecht zum Aufsatteln, ich aber zog mich auf mein Zimmer zurück, die Hauptmomente des Tafelgespräches zu Papiere zu bringen.

22.

In der Nacht vom 18. zum 19.

Punkt fünf Uhr meldete Andreas, die Pferde seien bereit.

Wir ritten im Schritt durch die schöne Thallandschaft, die im Schein der hellsten Sonne vom dunkelblauen Himmel umwölbt war. Dann gab der Baron seinem Rappen einen Druck, worauf dieser sich in Trab setzte; mein Brauner folgte. So mochten wir ungefähr zehn Minuten lang trottirt sein, als der Baron den Zügel anzog und sein Pferd in das Schritttempo fiel; wiederum folgte mein Brauner.

Wissen Sie was, lieber Freund, fing der Baron an, ich glaube, wir werden da drüben, außer unseren Damen, noch andere Gesellschaft finden.

Das steht zu vermuthen, erwiderte ich, allein wen meinen Sie, den wir treffen könnten, etwa den jungen Herrn von A.— und noch andere Freunde des Hauses?

Der A.— wird gewiß da sein; allein den mein' ich nicht; ich habe jemand Anders im Sinne.

Darf ich fragen, wen Sie im Sinne haben?

Fragen können Sie, ob ich aber Antwort

geben werde, ist meiner Seits fraglich. Ent=
heben Sie mich der Antwort, wie ich Sie Ihres
Urtheils über einen gewissen Jemand — der Baron
legte Nachdruck auf das letzte Wort — wenigstens
für heute habe entbinden müssen. Ich wünsche
mich zu irren, und irre ich mich, so will ich gar
Nichts gesagt haben; irre ich mich aber nicht, so
geb' ich Ihnen einen Wink, der da bedeuten soll,
wen ich jetzt im Sinne habe.

Wir setzten die Pferde wieder in Trab; wenige
Minuten noch und wir ritten beim Grafen T.—
in den gepflasterten Schloßhof ein.

Während uns die Pferde von einem Reitknecht
des Grafen abgenommen wurden, füllten sich die
Fenster des Saals mit Damen, darunter die
Gräfin T.—, die uns vom geöffneten Fenster mit
den Worten begrüßte: — Das ist herrlich, daß
Sie so früh kommen, und daß Sie, lieber Baron,
den Spazierritt mitgemacht haben. Mein Mann
wird zu Ihrem Empfange gleich unten sein. —
In demselben Augenblick trat Graf T.— aus
dem Portal.

Oh, meine lieben Freunde, wie freu' ich mich,
Sie zu sehen, treten Sie rasch ein, Sie finden
interessante Gesellschaft.

Wir traten in den Salon. Außer mehreren

anderen Herren, die ich nicht kenne, war der junge
A.— da, aber auch — und es traf mich des
Barons Blick — der Pfarrer von — —! Was
hat den hierher geführt, dacht' ich, ist es die Eifer=
sucht gewesen, die ihn getrieben hat? Ich beschloß
meine Fühlhörner auszustrecken.

Nachdem die übliche Vorstellung stattgefunden,
und ich mich zunächst bei der Gräfin T.— nach
ihrem Befinden erkundigt, auch den Comtessen
einige Artigkeiten gesagt hatte, wollte ich mich
an unsere Burgfrau wenden, als mir Mathilde
zuflüsterte: — Haben Sie gelesen? — Ja, gnä=
diges Fräulein. — Auch das kleine Zettelchen? —
Auch dieses. — Nun, dann bitt' ich, heut' Abend
noch etwas Acht zu geben, und morgen im Bücher=
saal, nicht wahr? — Ich nickte mit dem Kopfe.

Was habt Ihr Beide da Geheimes zu ver=
handeln? trat die Burgfrau fragend auf uns zu.

Oh, Nichts, liebe Cousine, erwiderte rasch Ma=
thilde, ich fragte nur Herrn ***, ob bei der
Tafel zu Hause Alles in gewohnter Ordnung ge=
gangen sei.

So, dacht' ich, wieder ein Zug weiblicher
Schlauheit und Verstellung, selbst in diesem jugend=
lichen Herzen.

Und dann wollt' ich, gerade in dem Augenblick.

als Du auf uns zutrateſt, noch fragen, ob der
Herr Pfarrer auch bei Tafel geweſen ſei.

Nein, ſagte die Burgfrau, er hat Abhaltung
gehabt, ſich aber wegen ſeines Ausbleibens ent=
ſchuldigen laſſen. Iſt's nicht ſo, lieber Freund?

So iſt's, gnädige Frau. Der Herr Baron
und ich haben es ſehr bedauert, die geiſtreiche
Unterhaltung des Pfarrers entbehren zu müſſen.

Iſt dem wirklich ſo? Von Ihnen will ich's
glauben, von meinem Ohm aber kann ich's nicht.
Der iſt gegen den guten Pfarrer eingenommen,
ich weiß es nicht warum.

Einigermaßen, ſollt' ich meinen, hat ſich der
Herr Baron neulich darüber.........

Ich finde es gar nicht hübſch von Ihnen,
liebe Baronin, unterbrach die Gräfin T.— in
ſcherzendem Tone das Geſpräch, daß Sie Herrn
*** auch in meinem Salon ganz in Anſpruch
nehmen wollen; drüben auf Schloß — — habt
Ihr Leutchen ja Zeit genug, zu plaudern und zu
ſchwatzen in Eurer geiſtreichen Weiſe, von der
wir hier doch auch Etwas genießen wollen. Alſo
bitt' ich, an der allgemeinen Converſation Theil
zu nehmen, die ja vorher, ehe die beiden Herren
kamen, recht gut im Zuge war.

Die Burgfrau machte vor der Gräfin eine

ihrer graciöseften Verbeugungen; ich folgte ihrem
Beispiele mit einer entsprechenden Neigung des
Kopfes.

Wir nahmen um den Theetisch Platz, und die
Unterhaltung belebte sich. Ganz besonders war es
der junge A.—, welcher sich ihrer bemächtigte. Von
seinen Reisen, die er jährlich macht, erzählte er in der
launigsten Weise viele Abenteuer, die er erlebt hatte
oder erlebt haben wollte, namentlich von einem Er=
lebniß in Baden=Baden, wo er den Sommer vor=
her gewesen war. Die ganze Gesellschaft lobte
ihn wegen der anmuthigen Erzählungsgabe, mit
der er seine Geschichte vortrug; insonderheit war
es unsere Burgfrau, die im Laufe der Erzählung
eins über's andere Mal in den Ausruf: Herrlich!
Das ist köstlich! ausbrach. A.— benützte diese
Beifallsbezeigungen zu schmeichelnden Artigkeiten,
die er, der Burgfrau gewidmet, in zartester Weise
in seine Erzählung zu verflechten wußte.

Hat der junge Mann vielleicht Absichten,
ernste Absichten auf die schöne Wittwe? — Der
Gedanke ging mir durch den Kopf, zugleich aber
auch die Erinnerung an Das, was ich aus dem
Munde der Burgfrau neulich erhorcht hatte. Was
aber macht der Pfarrer für ein Gesicht zu diesen
gegenseitigen Schmeichelreden; ist der Teufel der

Eifersucht wieder in ihm erwacht? Ich sah ihn einige Male an, was ihm nicht entging. Ein gleißnerisches Lächeln ging über sein Gesicht, aber aus seinem dunkeln Feuerauge sprühte innere Wuth, die er, meinem Blick gegenüber, vergeblich zu verdecken strebte.

Jeder der Männer in der Gesellschaft mußte eine Geschichte zum Besten geben, jeder erntete Beifall, der eine mehr, der andere minder, je nachdem seine Geschichte Anklang fand. Den Schluß machte Graf T.—, dessen Vortrag allgemeine Heiterkeit erregte, so daß Herren und Damen mit Lachen kaum aufhören konnten.

Ich merke, fing die Gräfin endlich an, daß ich die Honneurs des Hauses machen muß, da mein Herr Gemahl, von dem so unverdienten Beifall wie berauscht, die Pflichten des Wirths gänzlich außer Acht läßt. Meine lieben Freunde, ich lade Sie zu einem Spielchen ein.

Alle erhoben und gruppirten sich zu vier und vier um vier Whisttische. Der Pfarrer und ich gingen als Ueberzählige leer aus. Wir zogen uns in eine Fensternische zurück.

Das Spiel, fing der Pfarrer an, mag es mit Karten, mit Würfeln, am Roulette oder sonst wie getrieben worden, ist das nicht eine Erfindung

des Gottseibeiuns? Man sagt, so ein Whist,
ein l'Hombre, ein Boston, oder wie die Spiele
alle heißen mögen, sei ein unschuldiger Zeitver=
treib; ich aber sage Ihnen, Jeder, der eine Karte
selbst zu diesem Zeitvertreibe in die Hand ge=
nommen, hat den ersten Schritt gethan, um
die unedelsten der Leidenschaften alle, die im
menschlichen Herzen ihren Schauplatz haben, in
Aufregung zu bringen.

Da mögen Sie wol nicht ganz unrecht haben,
schaltete ich ein.

Sehen Sie, fuhr der Pfarrer fort, da haben
sich nun vier Personen an jedem Tische nieder=
gelassen. Zwei und zwei gehören, glaub' ich, im
Whistspiel zusammen. Die beiden Paare ver=
suchen ihr Glück gegen einander. Ehe sie sich hin=
setzten, waren sie die besten Freunde, die ruhigsten,
die liebenswürdigsten Menschen. So wie sie aber
Platz, und die Karten in die Hand genommen,
stehen sich die beiden Parteien feindlich gegenüber,
und aus den Bundesgenossen, hat der eine Un=
glück oder manövrirt auf dem Schlachtfelde unge=
schickt und gegen die Regeln der Kunst, werden er=
bitterte Gegner! Welche Gefühle werden beim
Gewinn, welche Empfindungen durch den Verlust
erweckt! Diese rothen und schwarzen Hieroglyphen,

die die Leute da an den Tischen beständig in der
Hand halten, sie machen aus diesen — Leuten,
die wir Beide doch als die achtbarsten und ver=
ehrungswürdigsten Glieder der Gesellschaft kennen,
Sklaven des dämonischen Prinzips, welches....

Herr Pfarrer, unterbrach ich ihn, Sie malen
doch gar zu sehr in's Schwarze.

Nein, fuhr er ereifert fort, ich thu' das nicht.
Sehen Sie doch einmal den Baron A.— an, wie ver=
zerrt sein Gesicht ist darüber, daß er es in der Kunst
der Ueberlistung noch nicht so weit gebracht hat,
wie sei Gegner, der Baron Y.—, der allem An=
schein nach, urtheile ich nach dem heitern Gesicht
seiner Mitspielerin, unserer liebenswürdigen Burg=
•frau, die Partie gewinnen wird.

Ich sah den jungen A.— an; er machte aller=
dings eine unzufriedene Miene, schien aber in
demselben Augenblick seiner Gegnerin etwas Artiges
über deren geschicktes Spiel zu sagen, denn diese
lächelte ihm mildfreundlich zu. Aber, Herr Pfarrer,
wie können Sie in diesem unschuldigen Spiel,
wo allein die Geschicklichkeit entscheidet, so hab'
ich mir wenigstens sagen lassen, von List und
Ueberlistung sprechen.

Bleiben Sie mir, fiel er lebhaft ein, mit Un=
schuld und Geschick vom — Leibe, entschuldigen

Sie diesen vulgären, unsere Burgfrau würde sagen, geschmackwidrigen Ausdruck. Ich muß nach meiner innigsten Ueberzeugung bei dem, was ich über's Spiel, über jedes, also auch über's Kartenspiel gesagt habe, stehen bleiben. Sie kennen meine Ansichten von der Religion; Sie wissen, was ich von den Pflichten zur Förderung des Gemeinwohls halte; nun denn, so hören Sie denn auch, daß ich das Spiel für einen der einschneidendsten und fressendsten Krebsschäden der Gesellschaft halte, nicht blos das große Spiel, wie es in einigen unserer großen Bäder, wie z. B. in Baden-Baden, von dem heut' Abend schon die Rede gewesen ist, getrieben wird, und ferner nicht blos das ordinäre Würfeln, was man bei Ihnen zu Lande, irr' ich nicht, Knöcheln nennt, sondern auch das Kartenspiel, das Sie ein unschuldiges nennen, was nicht Ihr Ernst sein kann.

Ich wollte den Sprecher unterbrechen, allein er ließ mich nicht zu Worte kommen.

Das Roulette hält man für unsittlich, und darum hat man's verboten, bis auf jene Bäder-Ausnahme; das Würfeln hält man auch für unsittlich, und darum hat man's verpönt; das Kartenspiel aber hält man, wie Sie es scheinbar auch thun, für einen unschuldigen Zeitvertreib, der geduldet, ja geliebkost wird. Mag man sagen, was man will: Spiel bleibt Spiel; es ist, indem der Spielende sich dem Schutze der Glücksgöttin überläßt, die Zeugerin und Ernährerin aller Laster, zugleich der Urquell des grassesten Aberglaubens, unwürdig des Menschen, der das Abbild Gottes ist Aber wie Wenige können sich zu dieser Ansicht erheben, warum? Weil die Masse ein Gefallen daran findet, sich in dem Schlamm des Nichtdenkens zu wälzen!

Ich finde, Herr Pfarrer, Sie bedienen sich da einer Redeweise, die gegen die Regeln des guten Geschmacks eben so wie die vorige verstößt, — würde unsere verehrungswürdige Burgfrau sehr wahrscheinlich sagen.

Mag's b'rum sein! fuhr der Pfarrer fort; ich gehöre, wie Sie wissen, mit zu den Leuten, die da behaupten, keine Macht der Erde habe Gewalt über sie, das zu verhindern, was sie thun wollen, wenn die Handlung, die sie begehen, nur nicht gegen das Gemeinwohl, gegen die Gesetze, die sich die menschliche Gesellschaft zur Aufrechthaltung der allgemeinen Wohlfahrt gegeben hat, verstößt.

Ich erinnere mich dieses Satzes aus Ihrem neulichen Vortrage über das Wesen der Religion.

Viele von diesen Leuten behaupten aber auch,

lein Gesetz dürfe dem Menschen das Spiel ver=
bieten, und es sei der Gesellschaft ganz einerlei,
ob sich dieses oder jenes ihrer Glieder durch's
Spiel, oder vielmehr durch Spielsucht, zu Grunde
richte; das habe das betreffende Einzelwesen vor
sich selbst zu verantworten, oder vor dem, was
sie Gewissen nennen.

Was sie Gewissen nennen! wiederholt' ich mit
einem unmerklichen Kopfschütteln.

Lassen wir das, bleiben wir bei der Sache;
ich will sagen, ich gehöre nicht zu jenen Sophi=
sten, die durch Trugschlüsse Andere zu blenden,
und sich selbst zu beschwichtigen suchen; im Ge=
gentheil, das Spiel ist, nach meiner innigsten
Ueberzeugung, gerade diejenige der menschlichen
Leidenschaften, welche am allerersten, am aller=
meisten geeignet ist, die menschliche Gesellschaft zu
beschädigen, ihr Bestehen zu untergraben. Und
weil sie diese Eigenschaft besitzt, so nenn' ich die
Leidenschaft des Spiels ein Laster!

Auch das unschuldige Vergnügen des Karten=
spiels, das in der guten Gesellschaft als Aushel=
fer müßiger Stunden dient?

Aber, Lieber, gaben Sie mir nicht vorher
recht, als ich denselben Satz mit etwas anderen
Worten aussprach, und jetzt wollen Sie andern

Sinnes geworden sein? Nein, das können Sie nicht. Wie können Sie das ein Vergnügen nennen, wenn der Gewinnende über den Verlust seines Gegners frohlockt, wenn der Verlierende trotzig hineinblickt und seinem Trotze wol gar Worte giebt, in denen man dann auch das Wort „revangiren" hört; also: ich werde mich schon rächen! Ist so was ein Vergnügen? Heißt das nicht die menschlichen Leidenschaften zur höchsten Potenz steigern?

Die Rache ist süß! — fiel ich lachend ein.

Die Redensart steht auf einem andern Blatte, das wir jetzt nicht betrachten wollen, fuhr der Pfarrer fort. Ich sagte: Das Spiel, möge es getrieben werden, wie es wolle, es ist und bleibt ein Krebsschaden der menschlichen Gesellschaft. Wer das nicht siehet, ist ein Schwachkopf, und Verräther an der Menschheit sind die, welche es sehen, aber nicht sehen wollen, weil das Spiel auch für sie eine liebe, eine süße Gewohnheit geworden ist. Wie sehnen sich diese Pharisäer und Sabbucäer nach der Abendstunde, die es ihnen nach altem Brauch gestattet, sich an den Spieltisch zu setzen; das ist für sie ein Hochgenuß, ein Genuß, der in ihren Augen von Nichts in der Welt übertroffen wird.

Woher wissen Sie das, da Sie ja selbst eine Karte nie in die Hand genommen haben?

Muß man denn Alles aus eigener Erfahrung, aus eigener Anschauung kennen? Ich kann die Gegenfrage an Sie richten: Woher wissen Sie alles Das, was Sie uns in so anmuthiger Form von fremden Ländern, von anderen Völkern erzählt haben, da Sie ja doch nicht in allen diesen Ländern, bei allen diesen Völkern gewesen sind? In meinem Falle seh' ich's den Leuten an ihren Mienen an, ich hör' es an ihren Aeußerungen; wie schwelgt der echte Spieler, wenn er sich an den Whisttisch setzt, in der Aussicht auf Gewinn, also auf Beeinträchtigung und Beschädigung des Mitspielenden! Und jeder Anfänger, jeder Dilettant wird allmälig ein echter Spieler; es kann nicht anders sein, es muß so sein, weil er dem Gesetz der Nothwendigkeit folgt; so wird jeder Spieler ein Todtengräber, der der bestehenden Gesellschaft das Grab graben hilft.

Ich kenn' es schon an Ihnen, daß Sie ein Freund der Uebertreibung sind.

Ich übertreibe nicht! Lehrt uns nicht die Geschichte, daß kleine und große Gesellschaften, die mächtigsten Reiche, die festesten Staatsgebäude, an deren Aufbau Jahrhunderte lang die sittlichsten

Kräfte gearbeitet haben, zusammengestürzt sind vor
dem pestilenzialischen Hauch der — uneblen Pas=
sionen! — Passion! ein beliebter Ausbruck der so=
genannten großen Welt und hoher Herren, weil
sie vor sich, wie vor Anderen sich schämen, das
gute, deutsche Wort Leidenschaft auszusprechen.

Sie werden in Ihrem Haß, mit dem Sie das
Spiel ansehen, doch gar zu bitter! — fiel ich ein.

Das menschliche Leben bietet wenig Süßigkei=
ten, viel Bitterkeiten. So ist's immer gewesen, so
wird's auch in aller Zukunft sein. Unsere Zeit
aber, mein Lieber, bietet verhältnißmäßig mehr
Bitteres dar, als vergangene Zeiten; ein so auf=
merksamer Beobachter, wie Sie, wird mir das ein=
räumen. Wer aber viel Bitteres zu kosten be=
kommt, dem stößt zuletzt das Bittere wieder auf.

Sie entschulbigen, unterbrach sich der Pfarrer,
sind wir doch unter uns; die Frau Baronin hat
es glücklicherweise nicht gehört!

Und Sie werden mich mehr, als bitter, Sie
werden mich einen überstürzenden Kritiker schel=
ten, wenn ich sage, daß Obrigkeiten, die sich brü=
sten, von Gottes Gnade eingesetzt zu sein, in ih=
rem lächerlichen Hochmuthe, uneingedenk, daß jedes
Geschöpf sein Dasein der Gnade Gottes verdankt,
daß diese Obrigkeiten von Gottes Gnaden sich

nicht entblöben, dem Laster des Spiels persönlich
zu fröhnen durch Roulette, Pharo, Karten, und
mit ihrer Bewilligung und Genehmigung und in
ihrem Namen dasselbe Laster fröhnen zu laffen
durch Lotteriespiel, weil sie sehr wohl wissen, daß
der Mensch in der großen, unermeßlichen Mehr=
zahl ein gebrechliches Gestell ist, welches, nicht
zum Selbstdenken gelangend, nur von Leidenschaf=
ten zehrt, die für den Gesellschaftssäckel ausgebeutet
werden müssen!

Was Sie da, Herr Pfarrer, von den Obrig=
keiten v. G. G. sagen, meinen Sie im spöttischen
Sinne. Dem kann ich mich nicht anschließen;
ich bin vielmehr der Meinung, daß der Eingang,
dessen sich die monarchische Obrigkeit beim Erlaß
von Gesetzen, Verordnungen, offenen Briefen u. s. w.
bedient, indem sie ihrem Namen die Formel v.
G. G. vorsetzt, durch ihr hohes Alter auf die
Eigenschaft der Ehrwürdigkeit Anspruch machen
kann und wirklich macht, daher durchaus nicht so
verwerflich ist, wie man in neuerer Zeit hat dar=
stellen wollen, abgesehen davon, daß diese Formel,
indem die Obrigkeit der Gesellschaft sich ihrer be=
dient, die Glieder selbst der Gesellschaft jeden
Augenblick daran erinnert, auch sie seien kraft
der göttlichen Gnade da. Von einem lächerlichen

Hochmuthe kann daher, meines Erachtens, nicht
die Rede sein.

Es ist möglich, daß ich mich Ihrer Ansicht
anschließen kann, erwiderte der Pfarrer; allein
was halten Sie vom Lotteriespiel, dessen ich er=
wähnte?

Ich stehe nicht an, zu erklären, daß die Lotterie
an und für sich und als Finanzquelle zur Ver=
mehrung des Staatseinkommens, oder des Gesell=
schaftssäckels, wie Sie sich, Herr Pfarrer, ganz
bezeichnend ausdrücken, auf unsittlichen und daher
gemeinschädlichen Grundlagen beruht, denn sie ist
ein Glücksspiel, weiter nichts; jedes Glücksspiel
aber, und darin bin ich mit Ihnen einverstanden,
ist ein Krebsschaden, der an der Gesellschaft nagt,
an ihrer Wohlfahrt, an ihrem Leben, dieses endlich
zerstört.

Wie freut es mich, daß Sie meine Meinung
theilen! Aber es giebt heut' zu Tage noch andere
Spiele in der Welt, die eben so gefahrvoll sind,
wie jene, die wir so eben besprochen haben.

Ich verstehe, fiel ich dem Pfarrer in's Wort,
Sie meinen das Börsenspiel.

So ist es, erwiderte er, und ich meine zugleich
all' den Schwindel, der sich daran und an alle

Geld= und industriellen Geschäfte knüpft, wie sie
heut' zu Tage in die Erscheinung treten.

Freilich sind die also betriebenen Geschäfte
dem Bestande der Gesellschaft gefahrdrohend, eben
weil sie auf einem Glücksspiele beruhen; doch aber
sind sie nicht so unmittelbar gefährlich, da sie auf
einen verhältnißmäßig kleinen Kreis der Gesell=
schaftsglieder beschränkt bleiben. Das Lotteriespiel
dagegen geht bis in die untersten Schichten hinab.
Ganz abgesehen von dem moralischen Standpunkte
will ich mit Ihnen, Herr Pfarrer, nur den prakti=
schen in's Auge fassen, und da ist es doch für ge=
setzgebende Gewalten eine Schmach, daß sie beim
Unterwühlen des Gesellschaftsgebäudes mit Hand
anlegen. Wär' ich einer der Gesetzgeber, mein
erstes Werk würde sein, ein Verbot des Lotterie=
spiels und aller anderen Glücksspiele, das Karten=
spiel nicht zu vergessen, in Antrag zu bringen,
und mein Leben dran zu setzen, meinen Antrag
angenommen zu sehen; ich würde es wie Wilberforce
machen, der auch sein langes Parlaments=Wirken
daran gesetzt hat, die Befreiung der Negersklaven
zu erringen. Wie oft er auch zurückgeschlagen
worden in dem heißen Kampfe langer, langer Feld=
züge, er hat doch den Sieg davon getragen, weil
das Parlament zur Einsicht gekommen: Die An=

nahme von Wilberforce's Bill fordere die Mensch=
lichkeit, oder sie befestige die Wohlfahrt und den
Bestand der englischen Staatsgesellschaft, wie Sie
sich, Herr Pfarrer, gar nicht mit Unrecht aus=
brücken werden.

Ja, sagte er, ein Jeder, der auf diesem Felde
der Gesetzgebung strebt und ausdauert, wird zu
einem Wilberforce und erwirbt sich den Dank
nachkommender Geschlechter.

Die Spielenden erhoben sich, nun erst recht
ein Bild gebend von dem Einfluß, den selbst das
Kartenspiel auf die Entfesselung der menschlichen
Leidenschaften ausübt. Männer und Frauen schal=
ten sich gegenseitig aus wegen der Fehler, die sie
als Bundesgenossen im Spiel gemacht haben sollten.

Verstehen Sie etwas von diesem Wirrwarr,
fragte mich der Pfarrer, ist es nicht schmachvoll,
Leute, die doch der guten Gesellschaft angehören,
und auf den Besitz sogenannter guter Lebensart An=
spruch machen, sich also angeifern und anhabern zu
sehen! Das ist die Wirkung des Spiels, das die
Gesellschaft, ihren Zweck vollständig verkennend,
für einen nothwendigen Bestandtheil des guten
Tons anzuerkennen so — dumm ist.

Sogar unsere liebenswürdige Burgfrau ereifert
sich gegen ihren Oheim; sehen Sie es nicht, Herr

Pfarrer? Doch nun wendet sie sich an den Baron
A.—! Der junge Mann scheint sie artig zu unter=
halten, sehen Sie doch, Herr Pfarrer, wie freundlich
sie ihn anlächelt.

Der Pfarrer warf einen giftigen Blick auf die
Gruppe.

Das wäre ein Paar, wie wenige!

Der Pfarrer sah mich mit seinen großen Augen
an, als wollt' er mich zermalmen.

Was sagten Sie da, ich hab' es überhört,
weil ich eben auf den Grafen T.— blickte, ver=
zeihen Sie meine Unaufmerksamkeit.

Ich sagte: Das wäre ein Paar! und damit
will ich ausdrücken, daß ich es für ganz passend
fände, wenn die Frau Baronin von Y. den Be=
werbungen des Barons A.— Gehör gebe, in Er=
wägung, daß er mir der rechte Mann zu sein
scheint, um den Ansprüchen, welche unsere verehrte
Burgfrau an ihren zweiten Gemahl machen kann,
vollkommen Genüge zu leisten. Ueberdies ......

In dem Augenblick, wo ich fortfahren wollte,
trat die Gräfin T.— mit der Frage auf uns zu:
— Nun, meine Herren, wie haben Sie sich die
Zeit vertrieben, worüber haben Sie sich unter=
halten; ich bedauere, daß Sie am Spiel nicht
Theil genommen haben; es ist doch gar zu

hübsch, so des Abends im Kreise lieber Freunde
ein Spielchen zu machen; hab' ich die Karten in
der Hand, so ist es mir, als spannten sich mir
alle Nerven an.

Damit sie nachher desto mehr erschlaffen! fiel
der Pfarrer ein. Die gnädigste Gräfin fragten,
wie wir uns Beide die Zeit vertrieben hätten;
ehrlich gestanden, wir haben ein Bißchen geklatscht.

Ich will doch nicht hoffen, daß die beiden achtbaren
Herren, der hochehrwürdige Burgkaplan des Schlos=
ses — — an der Spitze, in einen Fehler verfallen seien,
dessen man nur mein Geschlecht zu bezichtigen pflegt.

Doch nicht, gnädigste Gräfin! Man thut dem
schönen Geschlecht zu viel an, man thut den Blu=
men der Menschheit wahrlich unrecht. Der Herr
Pfarrer.....

Sie sind doch immer der galante Mann, wie
man ihn nur in Norddeutschland, selten in Süd=
deutschland, und am seltensten in unseren rauhen
und kalten Bergen findet.

Ich verbeugte mich vor der Gräfin und fuhr
fort. Der Herr Pfarrer hat nur scherzweise sich
des Wortes „klatschen" bedient. Wir haben, um es
kurz zu sagen, unsere Gedanken über das Spiel aus=
getauscht und sprachen eben von der Frau Baronin
Y. und dem Herrn Baron A., als wir das Glück

hatten von der gnädigsten Gräfin angeredet zu
werden.

Nun, was sprachen Sie denn von dem schö=
nen Paare?

Gerade dieses Ausdrucks bedient' ich mich,
gnädigste Gräfin. Ich meine, — und ich sah den
Pfarrer scharf an, ohne daß er es bemerken mochte,
— die beiden liebenswürdigen Menschen müßten
ein Ehepaar werden!

Des Pfarrers dunkles Feuerauge nahm von
Augenblick zu Augenblick eine drohendere Hal=
tung an.

Da bin ich ganz Ihrer Meinung, erwiderte
die Gräfin, welche in dem Moment, als sie fort=
fahren wollte, von ihrem Haushofmeister angetre=
ten wurde, der ihr Etwas zuflüsterte, worauf sie
mit den Worten:

Entschuldigen Sie, meine Herren, eine kurze
Revision der Abendtafel ruft mich ab, — aus unse=
rem Kreise trat.

Wie kommen Sie nur auf den Gedanken, daß
es unserer verehrungswürdigen Burgfrau einfallen
könne, den jungen A. zum ehelichen Gemahl zu
nehmen; haben Sie ihn jemals bei uns auf der
Burg gesehen?

Das eben nicht, erwiderte ich dem immer gif=

tiger werdenden Pfarrer, allein nach den vortheil=
haften Aeußerungen zu urtheilen, welche die Burg=
frau neulich über den Baron A. fallen ließ, will
es mich bedünken, daß er ihr nichts weniger als
gleichgültig sei; und diese Voraussetzung scheint
heut' Abend bestätigt zu werden durch das ver=
trauliche Benehmen, welches sie gegen ihn beobach=
tet. Sehen Sie doch, hochehrwürdiger Herr Pfar=
rer, wie freundlich lächelnd sie zu ihm aufblickt,
muß so viel Liebreiz den jungen Mann nicht immer
mehr ermuntern, seinen Bewerbungen um das
schöne Weib Ausdruck zu geben?

Gelungen war es mir, die Eifersucht des Pfaf=
fen aufzustacheln. Es kam mir vor, als murmelte
er vor sich hin: Oh, über die Schlange; ein Ande=
rer soll dies schöne Weib genießen, nimmermehr!

Der Haushofmeister trat in den Salon mit
den Worten: Mesdames et Messieurs, le soupé
est servi, die er laut und gedehnt ausrief. Auch
innerhalb dieser Berge ist es in einigen vorneh=
men Häusern Sitte, daß die höhere Dienerschaft,
besonders wenn größere Gesellschaft da ist, fran=
zösisch spricht; — ein schlechter Brauch das!

Indem ich mich einer der Comtessen näherte,
um ihr meinen Arm anzubieten, raunte mir der
Pfarrer zu: — Freund, morgen ein Weiteres,

erlauben Sie mir, Sie um acht Uhr auf Ihrem Zimmer besuchen zu dürfen. — Mit Vergnügen werd' ich Sie empfangen. — Also sieht er mich als seinen Freund an, oder stellt sich wenigstens so.

Die Abendtafel hat sich bis in die Nacht hinein gezogen. Es war Mitternacht vorüber, als die Gesellschaft sich trennte. Wie verbindlich war der Abschied, den unsere Burgfrau vom jungen A. nahm, wie verbindlich wurde ihm die Erlaubniß ertheilt, sich auf dem Schlosse — — vorstellen zu dürfen! Der Pfarrer und ich standen ganz in der Nähe; unvermerkt stieß ich ihn an, eine Art von Triumph in meinen Blick legend. Er verstand mich; es blitzte fürchterlicher denn je aus seinen Augen, — morgen! sagte er leise.

Herr Pfarrer, lispelte die Burgfrau, Sie erzeigen mir und Mathilden wol die Ehre, uns zu begleiten; nicht wahr?

Er verbeugte sich. Die Drei stiegen in den Wagen! War man darin stumm, wie ein Fisch, oder hat man sich lebhaft unterhalten? Ich weiß es nicht, vielleicht sagt mir eine der nächsten Stunden, wie und was!

Der Baron und ich ritten eine Strecke weit hinter dem Wagen. Es ging langsam, weil die Nacht stockfinster war, und der Weg an mancher

Stelle Behutsamkeit erfordert, erst auf dem Thal=
boden, wo die Straße kunstmäßig gebaut ist, ging's
rascher vorwärts; der Kutscher hatte seine Pferde
in Trab gesetzt, wir Reiter nahmen dasselbe Tempo
an. Ein Uhr war vorüber, als wir hier im
Schloßhofe von den Pferden stiegen.

Und nun sitz' ich da am Schreibtische schon
einige Stunden, um die Erlebnisse dieses Abends
und dieser Nacht, nach den ganz frisch empfange=
nen Eindrücken, an's Papier zu fesseln.

Was, täuscht' sich mein Auge, oder sieht es
recht? Werden da oben an der westlichen Thal=
mauer nicht die höchsten Alpenjöcher bereits
vom Tagesgestirn beleuchtet, oder ist es die
Dämmerung, die ihre schwachen Strahlen auf die
Thürme, die Pyramiden, Ecken und Spitzen die=
ses erhabenen Alpengrats wirft?

Nein, die Dämmerung ist es nicht, die vermag
es nicht, ein so lebhaftes Licht über den Gesichts=
kreis zu werfen, und ragten die Jöcher noch ein
Mal so hoch über den allgemeinen Horizont der
Erde hervor, als sie es wirklich thun. Die auf=
gehende Sonne ist es, die mit ihren Strahlen
diese wunderbar schöne Beleuchtung der erhaben=
sten Monumente der Natur, ihrer Trümmer, ihrer
Ruinen, hervorbringt; kein Pinsel ist im Stande,

sie nachzuahmen, keine Feder vermag den Eindruck zu schildern, den dieses Schauspiel einer Morgen= beleuchtung der Alpen in der Seele erzeugt. Poe= tische Naturen lebhaftester Einbildungskraft haben's wol versucht, allein sie bleiben in diesem Versuche hinter der Wirklichkeit zurück.

Doch, es ist Zeit, mir Ruhe zu gönnen, hab' ich doch binnen wenig Stunden den Pfarrer zu erwarten, muß ich mich doch zu Mathildens Stelldichein einfinden. Zu Beiden bedarf ich Frischheit des Geistes, die ich mir durch einen kurzen Schlaf verschaffen muß.

23.

Den 19. Vor der Tafel und Nachmittags.

Der Pfarrer liebt die Pünktlichkeit!

Schlag acht Uhr trat Andreas zu mir ein, um ihn zu melden.

Sehr viel Ehre, sehr angenehm! aber ent= schuldige mich bei dem Herrn Pfarrer, daß er mich noch im Bette findet.

Sehr viel Ehre, sehr angenehm? — murmelte der Alte, indem er mit dem Kopfe schüttelte. —

Was murmelst Du denn da vor Dir hin, Andreas? — Ach, Nichts, ich dachte nur und sprach es auch sachte aus, ob es sich schicken werde, den Herrn Pfarrer im Bette zu empfangen. — Hör' einmal, alter Graukopf, graubärtiger Spitzbub, Das hast Du nicht gedacht, gesteh' es nur; — ich kann mich gegen den alten Andreas schon dieser Ausdrücke im scherzenden Tone bedienen. — Und wenn ich nun auch was Anderes gedacht, was Anderes gemurmelt, wär' es ein Unglück, gnädiger Herr? Und dabei sah mich Andreas so flehentlich, zugleich so schlaulächelnd an, daß ich selbst halb wehmüthig, halb heiter lachen mußte. — Schon gut, lieber Andreas, laß den Herrn Pfarrer eintreten, aber vergiß es nicht, mich bei ihm zu entschuldigen.

Dessen bedarf es nicht, leitete der gleich eintretende Pfarrer, der an der Thür gehorcht haben mochte, seinen Morgengruß ein; ich kann es mir recht gut erklären, warum ich meinen lieben Freund noch in den Federn finde. Sie werden über Das, was gestern Abend den Gegenstand unserer Unterhaltung ausmachte, noch weiter nachgedacht, und deshalb erst heute früh sich zur Ruhe gelegt habe.

Woher schließen Sie das, Herr Pfarrer?

Ich schließe das aus eigener Wahrnehmung. Wissen Sie denn nicht, daß ich aus meiner Pfarrwohnung, und zwar gerade aus meinem Schlafzimmer, diese Seite des Schlosses, zu der Ihr Zimmer hier gehört, ganz übersehen kann? Nichts kann mir entschlüpfen.

Ei, dacht' ich, wiederum eine Entdeckung! Liegt doch auch das üppig ausgestattete Schlafgemach der Burgfrau auf dieser Seite des Schlosses! Besteht etwa ein optischer Telegraph zwischen diesem und dem Pfarrhause. Was ist das für eine seltsame Vorrichtung, die ich neulich in jenem gesehen, ohne ihr die gehörige Aufmerksamkeit zuzuwenden.

Ja, fuhr der Pfarrer fort, ich sah Ihr Lampenlicht erst erlöschen, als die ersten Strahlen der Morgensonne da oben die Jöcher beschienen. Da erst haben Sie sich zur Ruhe gelegt, und darum bedarf es Ihrer Seits durchaus keiner Entschuldigung, auf meiner Seite ist es, um Entschuldigung zu bitten, daß ich so früh komme; allein ich dachte, unter Männern nimmt man's nicht so genau, wenn man uneingeladen zum Lever erscheint; und dann wollt' ich den Beweis geben, daß nicht blos unter Soldaten, sondern auch unter uns Priestern ein erstes Gesetz das ist, pünktlich auf dem Poſten zu ſein. Wir verabredeten geſtern Abend die achte Stunde, und ſo eben hat es auf dem Schloßthurm acht Uhr geſchlagen.

Nun, liebenswürdigſter der Prieſter der Kirche, fiel ich ſpöttiſch ein, weiter keine Umſtände, nehmen Sie einen Seſſel und plaudern wir; ich geſteh' es, ich bin aufgeblieben bis zu dem Augenblicke, in dem unſere liebe, gute Mutter Erde auf der Drehung um ihre Angel bei uns den Punkt er= reicht hatte, in dem das ewige Tageslicht der Aufklärung die Finſterniß der Nacht und Verdum= mung verſcheuchte!

Soll das Poeſie ſein? fragte der Pfarrer iro= niſch; unſere verehrungswürdige Burgfrau würde vielleicht ſagen, dieſe Art dichteriſcher Sprache verſtößt gegen den guten Geſchmack. Doch kom= men wir zur Sache: Sie haben alſo in den erſten Stunden dieſes Tages Ihren Gedanken noch Audienz gegeben; darf ich aber fragen, welcher Gegenſtand unſerer geſtrigen Unterhaltung Sie beſchäftigt hat, war es vielleicht auch der, von dem wir zuletzt ſprachen?

Ich ſtellte mich, als müßte ich mich beſinnen. Ah, Sie meinen das Geſpräch, welches unſere Burgfrau und den jungen Baron A.— betraf?

Ja, das mein' ich! gab er unruhigen Auges
zur Antwort.

Offenherzig gestanden, geehrter Herr Pfarrer,
dieser Gegenstand hat mich nur nebenbei beschäf=
tigt, unser Hauptthema von gestern, nämlich das
wegen des Spiels und der Mittel, diesen Krebs=
schaden zu vertilgen, hat mein Nachdenken mehr,
oder vielmehr ganz in Anspruch genommen. Wenn
Sie aber jenes Kapitel vorzugsweise hervorheben,
und es den Anschein hat, als wünschten Sie
darüber meine Ansicht zu hören, so muß ich vorne=
weg mir die Frage erlauben, was für ein spe=
cielles Interesse Sie an einer Sache nehmen, der
Sie nach Ihrer geistlichen Stellung im Allgemeinen,
wie nach der Stellung zu diesem hochachtbaren
Hause, meines Erachtens fern stehen, mindestens
— fügt' ich etwas scharfen Tons hinzu — fern
stehen sollten, abgesehen davon, daß diese Sache
nur ein Hirngespinst ist, das in meiner verwegenen,
verwilderten Einbildungskraft seinen Ursprung hat.

Verschonen Sie doch Ihre Phantasie mit der=
gleichen Eigenschaftswörtern und sprechen Sie
nicht von einem Hirngespinst. Ein klar denkender
Kopf beschäftigt sich nicht mit Hirngespinsten;
der sieht die Sachen so an, wie sie sind; und da
ich an meinem lieben Freunde ganz besonders

den hellen Verstand verehre, so frag' ich Sie, welche Beobachtungen Sie berechtigt haben, mir gestern Abend einen Wink zu geben.

Ich wüßte nicht, fiel ich dem Pfarrer etwas geärgert in's Wort, daß ich Ihnen einen Wink gegeben hätte, wie sollte mir das Recht zustehen, Ihnen — gerade Ihnen einen Wink geben zu sollen. Gestatten Sie, nicht eher in die Sache einzugehen, bis Sie die Güte gehabt haben, meine Frage zu beantworten.

Ah, Sie meinen, was für ein specielles Interesse....

Nun ja, unterbrach ich ihn, was denn Anderes?

Er besann sich eine ganze Weile und schaute mich dabei forschend an. Dann sprach er zögernd:

Ich für meine Person nehme gar kein Interesse an der Sache, von der wir sprechen, oder doch nur ein untergeordnetes, um mich schärfer und richtiger auszubrücken.

Er schwieg.

Nun, geehrter Herr Pfarrer, rücken Sie mit der Sprache heraus.

Ich sollte meinen, Ihrer Frage Genüge geleistet zu haben.

Mit Nichten, haben Sie die Freundlichkeit, mir offen zu sagen, worin das untergeordnete

Interesse besteht, welches Sie an dem Hirngespinst nehmen, das in meinem Kopfe entstanden ist.

Scherzen Sie nicht weiter von einem — Hirngespinst, dazu ist die Angelegenheit zu ernster Art.

Wenn ich Sie nun aber versichere, daß......

Verzeihen Sie, unterbrach mich der Pfarrer, — aber ich kann Ihren Worten keinen Glauben beimessen.

Nun denn, — that ich geheimnißvoll, um ihn noch mehr in Spannung zu versetzen, — ich will meine Versicherung zurücknehmen, weil ich es muß. Aber nun schildern Sie mir aber auch flugs Ihr — untergeordnetes Interesse. Wozu und weshalb wollen wir uns mit Nichts und Wiedernichts die Zeit vertreiben!

Und so kämpften wir noch eine ganze Weile gegen einander, Jeder bedacht, den Andern zum Sprechen zu bringen. Ich aber dachte: Warte, Du sollst über die Eifersucht, die in Dein verderbtes Herz den Einzug gehalten, noch den — Verstand verlieren. Endlich hob er an: —

Wenn ich wüßte, daß Sie schweigen gelernt haben!

Schweigen, erwiderte ich, ist eine Sache, die man nicht erlernen kann, sondern die aus natür-

lichen Anlagen entspringt, und diese stammen un=
mittelbar von Gott.

Lassen Sie uns nicht um Worte streiten; die
Frage ist einfach: Können Sie schweigen?

Ich glaube, daß ich's kann!

Sie glauben nur, Sie wissen es nicht?

Bei Euch Priestern geht das Glauben über
das Wissen.

Lieber Freund, verwechseln Sie doch nicht die
Begriffe auf so frivole Weise. Lassen Sie uns,
muß ich nun sagen, zur Sache kommen. Wissen
Sie es ganz gewiß, daß Sie schweigen können?

Nun denn, in des Henkers Namen, fuhr ich
heraus: ja, Herr, ich weiß es, und zwar weiß ich
es ganz gewiß, daß ich schweigen kann.

Der Pfarrer sah mich eine Weile forschend an,
und sprach dann in sehr kaltem Tone Folgendes! —

Das Interesse, welches ich an den Bewerbungen
des Barons A.— um Herz und Hand unserer
verehrungswürdigen Burgfrau, der verwittweten
Baronin von Y., nehme, beruht auf einem — —
Geheimniß!

Ah, so, dacht' ich, auf einem Geheimniß, —
das für mich nicht mehr geheim ist, das der Zu=
fall mir offenbart hat, oder Deine Unvorsichtig=
keit, Du verbrecherischer Priester.

So, so, dachte ich auch laut, also ein Geheim=
niß ist dabei im Spiel, und dieses Geheimniß sollte
für Sie, mein sehr hochehrwürdiger Herr Pfarrer,
nur von untergeordnetem Interesse sein?

Auf die letzten Worte legte ich einen gewissen
Nachdruck.

Ja, ein Geheimniß ist dabei im Spiel; dieses
Geheimniß gehört mir aber nicht allein......

Ich verstehe, dacht' ich; Du bist der Spieler,
sie die Spielerin in den Mysterien der Venus
vulgivaga.

...... Ich bin vielmehr nur der Träger des
Geheimnisses, und kraft meines Trägeramtes be=
rufen, alle Handlungen unserer verehrungswürdi=
gen Burgfrau, all' ihr Thun und Lassen, inso=
weit es auf eine Wiederverheirathung derselben
hindeuten kann, zu überwachen.

Was Sie da, lieber Herr Pfarrer, ein Trä=
geramt nennen, werden andere Leute ganz einfach
das Amt eines Spions nennen.

Belegen Sie mich und mein heiliges Amt doch
nicht mit einem so gehässigen Namen.

Ich lachte laut auf. — Was, rief ich noch
immer lachend aus, Sie wollen von der Heilig=
keit des Priesteramtes reden, Sie, der Abtrün=
nigste aller Abtrünnigen, der Nichts von Christus

weiß, oder vielmehr Nichts von ihm wissen will, der seine Kirche verleugnet, und Alles, was daran hängt, von sich abgethan hat? Setzen Sie mir gegenüber doch nicht die Heuchlerkappe auf. Ich kenne Dich!

Die Macht der Gewohnheit ließ mich den Ausdruck, den Sie nicht mit Unrecht an mir rügen, in den Mund nehmen.

Das lob' ich mir, dieser Freimuth gefällt mir.

Ich sollte meinen, hob der Pfarrer wieder an, daß wir uns schon lange verstehen, wenn wir auch bislang nicht offenherzig genug gewesen sind, es uns gegenseitig einzuräumen.

Mag sein, fiel ich ein; doch dünkt mich, all' das Discurriren führt uns von unserm Ziele immer mehr und zuletzt ganz ab. Wollten wir doch von der Möglichkeit einer Wiederverheirathung der Frau Baronin sprechen, und von den Huldigungen, die ihr der Baron A.— so lebhaft darbringt und von ihr mit so großem Wohlwollen auf= und angenommen werden.

Ich dachte, mit diesen Worten die Flammen der Eifersucht in dem Herzen des Pfarrers anfachen zu können; allein er blieb, wie er nun schon seit Dreiviertelstunden gewesen war, ganz ruhig, ja kalt.

Freilich ist das der Gegenstand unseres Ge=
sprächs, und bleiben wir endlich bei ihm stehen.
Sie haben, lieber Freund, fuhr der Pfarrer in
einem verbindlichen, ja schmeichelnden Tone fort,
oft Gelegenheit gehabt, unsere ehrsame Burgfrau
allein zu sprechen, und Sie sind mehr als ein
Mal drüben im Graf T.—schen Hause gewesen,
wo Baron A.— verkehrt. Ist in diesem Hause
die Rede davon gewesen, daß Baron A.— wirk=
lich ernstliche Absichten auf unsere Burgfrau hat,
und haben Sie aus deren Munde jemals gehört,
sie könne die Bewerbungen des Barons vielleicht
begünstigen?

Der Pfarrer machte einen kühnen Angriff, ich
hatte offenbar an Terrain verloren. Um es wieder
zu gewinnen, mußt' ich nothwendiger Weise eine
Flankenbewegung machen. Im Graf T.—schen
Hause war von der Sache, die ich dem Pfarrer
eingebildet hatte, nicht die Rede gewesen, noch
hatte die Burgfrau den Mund aufgethan, — wie
hätte sie es auch gekonnt, sie, die ihren — Her=
kules anbetet, — es war ein Nebelbild, das in
der Einbildungskraft des Pfarrers immer mehr
sich zu concentriren schien. Die Neigung dazu
muß Du benutzen, dacht' ich.

Die Beantwortung Ihrer Frage flößt, ich be=

daure, es Ihnen, lieber Herr Pfarrer, sagen zu müssen, auf Hindernisse, die unüberwindlich sind.

In der Welt ist Nichts unüberwindlich, schaltete der Pfarrer ein.

Seien Sie in diesem Satze, den man sehr oft aussprechen hört, doch nur in Gedankenlosigkeit, vorsichtig mit dem Wörtchen: Nichts.

Aber die Hindernisse, von denen Sie sprechen, wie verhält es sich damit?

Mit diesen Hindernissen verhält es sich so, daß sie auf einem — Geheimnisse beruhen.......

Ich glaubte mein Terrain wieder gewonnen zu haben: den Pfarrer verließ die kalte Ruhe, die er bis dahin behauptet hatte, über sein Gesicht ging ein leichtes Zucken der Muskeln, wie das elektrische Feuer die Wolken spaltet, wenn ein Gewitter im Anzuge ist, und dieses Zucken mehrte sich, als ich die Worte, die er kurz zuvor an mich gerichtet hatte, rasch hinzufügte:

.... Und dieses Geheimniß gehört nicht mir allein, sondern ich bin nur sein Träger!

Also auch ein Geheimniß! sagte er, scheinbar wieder ganz ruhig geworden. Ich kann aber noch nicht recht an das Vorhandensein eines derartigen Geheimnisses glauben, und möchte das, was Sie sagen, eher für einen Vorwand halten, mir leichter ausweichen zu können ......

Der schlaue Fuchs, hatte er meine Absicht zum Theil errathen, was er ausweichen nannte, was war es anders, als seine Eifersucht noch mehr aufstacheln!

... Also zwei Geheimnisse stehen sich gegen= über! Tauschen wir sie aus. Sie sagen mir das Ihrige, und das meinige folgt ihm auf dem Fuße: Zug um Zug!

So weit sind wir noch nicht, lieber Pfarrer, hab' ich Ihnen denn nicht gesagt, daß mein Ge= heimniß nicht mir allein gehört? Denken Sie sich, daß noch mehrere andere Personen Antheil an diesem Geheimnisse haben; wie dürft' ich es mir denn einfallen lassen, über das Geheimniß eines Andern, eines Dritten ꝛc., ohne dessen Genehmi= gung zu verfügen; das geht nicht.

Können Sie diese Genehmigung des Baldigsten einholen? Hier im Schloß allein, oder auch drüben beim Grafen T.—?

Auf den ersten Theil dieser Frage antwort' ich: — Ich werd' es versuchen. Den zweiten Theil muß ich unbeantwortet lassen. Nun aber werden auch Sie, geehrter Herr Pfarrer, Verhaltungs= befehle einziehen müssen, bevor an eine Auswechs=

lung der Geheimnisse gedacht werden kann. Werden
Sie diese Verhaltungsbefehle sich auch des Baldig=
sten verschaffen können?

Ich hoffe es, antwortete der Pfarrer, bis nach
der Tafel werden sie wol in meinen Händen sein.

Nicht früher?

Nein, früher wird's nicht möglich sein....

Seltsam, dacht' ich, Du gehest doch von hier
unmittelbar zur Burgfrau, um das, was ich Deine
Verhaltungsbefehle nenne, von ihren Lippen zu
— küssen. Oder hat sie schon vorher bestimmt,
Dich erst kurz vor Tafel empfangen zu wollen?

Also es bleibt dabei, wir tauschen unsere
Geheimnisse aus und zwar je früher, desto lieber,
Sie machen den Anfang, ich komme mit dem mei=
nigen zum Schluß.

Umgekehrt, hochehrwürdiger Herr Pfarrer, Sie
werden die Güte haben, den Anfang zu machen,
Sie haben dies Gespräch hervorgerufen, und ich
habe Ihnen gleich zu Anfang die Bedingung ge=
stellt, daß Sie die Güte haben möchten, mir, ehe
ich auf den Gegenstand eingehen könne, zu sagen,
durch welch' ein specielles Interesse Sie an unser
Thema geknüpft seien. Diese Bedingung sind Sie,
erinnern Sie sich wohl, eingegangen. Das specielle
Interesse läuft auf ein Geheimniß hinaus! Sie

wissen aber auch, daß, wenn zwei Größen einer
britten gleich sind, sie auch unter sich gleich sind:
im vorliegenden Falle heißen die drei Größen:
Interesse, Bedingung, Geheimniß; folglich müssen
Sie den Anfang machen.

Auch dazu will ich mich verstehen, erwiderte
der Pfarrer, aber nur unter einer Bedingung.

Schon wieder eine Einschachtelung! Hören Sie,
lieber Pfarrer, Sie werden auf die Länge und
Ferne gewaltig — langweilig, nehmen Sie mir
das nicht übel, wir plaudern und schwatzen da
nun schon beinah' eine Stunde lang, ohne Zweck,
ohne Ziel. Erwägen Sie doch freundlichst, daß ich
aufstehen, daß ich Toilette machen und um zehn
Uhr den Damen des Hauses einen Morgenbesuch
machen muß. Doch wie lautet Ihre Bedingung,
assen Sie hören; nur bitt' ich, sich kurz zu fassen.

Die Bedingung lautet: meinem Geheimnisse
ist ewige Verschwiegenheit zu zollen, und daß
dieses von Ihnen geschehen soll, vorher ein
leiblicher Eid zu leisten!

Aber, liebstes Pfarrherrchen, lachte ich laut auf,
ich muß fast auf den Gedanken kommen, daß es
bei Ihnen im Oberstübchen über Nacht nicht ge=
heuer geworden ist; hat das freundliche Lächeln,
womit unsere Burgfrau den Baron A.— beglückt

hat, Ihnen den Kopf ganz verdreht! Ich soll einen körperlichen Eid leisten! Herr, — lachte ich weiter, aber mit dem Ausdruck des Aergers, und ich sprach dabei aus dem Bette, — Herr, gehen Sie mit Ihrem angeblichen Geheimniß, wohin Sie wollen, meinetwegen in's Land, wo der Pfeffer wächst, lassen Sie mich ungeschoren; ich erkläre Ihnen den vorher geschlossenen Pakt für erloschen, für null und nichtig!

Aber ereifern Sie sich doch nicht so, lieber Freund!

Da soll man sich nicht ereifern, wenn ein Priester Einem zumuthet, in einer so gewöhnlichen Sache, die alle Tage bald da bald dort vorgeht, und troß aller mysteriösen Umhüllung und Verdunkelung doch endlich an's Tageslicht kommt, einen Schwur zu leisten. Weiß denn der Priester nicht, daß der Herr, von dem er freilich Nichts weiß, gesagt hat, deine Rede sei Ja, ja, Nein, nein, was darüber ist vom Uebel. Gehen Sie, Herr Pfarrer; bleiben Sie mir vom Leibe mit einem Geheimnisse, welches,..... das.....

Ich war in meinem Aerger zu weit gegangen, ich fühlte es, ich sah' es auf des Pfarrers Gesicht, das ganz bleich geworden war.

Welches.... fing er an,.... das.... von Ihnen etwa geahnet wird.

Möglich, warf ich kalt hin, daß Sie meine Gedanken errathen und das, wobei ich stehen geblieben, richtig ergänzt haben.

Es war einmal heraus das Wort, nicht mehr zurückzunehmen war es.

Geben Sie, geehrter Freund, ergriff der Pfarrer noch einmal das Wort, die Möglichkeit zu, daß ich recht errathen, dann gebietet es mir meine Pflicht, den Gegenstand nicht fallen zu lassen, wie Sie es zu wünschen scheinen.

Das ist kein Schein, sondern wahrhaftige Wirklichkeit und wirkliche Wahrheit, ich will von der Sache Nichts mehr wissen!

Aber erwägen Sie doch, die Sache, um die es sich handelt, ist von der größten Wichtigkeit, sagen Sie also den Pakt von vorher nicht auf; ich glaube sogar auf meinen Vorschlag von wegen des Eidschwures verzichten zu können.

Mag die Sache für Sie und Ihres Gleichen wichtig sein, für mich ist sie's nicht, ich sehe sie für etwas ganz Alltäglich-Menschliches an.

Werden Sie denn nicht der verehrungswürdigen Burgfrau halber sich ferner an einer Sache betheiligen, die Ihnen doch Anfangs so viel Interesse einzuflößen schien?

Die Frau Baronin flößt mir die innigste

Theilnahme ein, und ich beklage es, daß diese an Geist und Körper mit so entzückenden Reizen begabte Dame in die.........

Beinah' wäre es mir herausgeplatzt, was ich dachte, nämlich.... in die Hände eines Teufels gefallen ist, wie Du einer bist.

Wenn das der Fall, so seh' ich unsern Pakt als fortbestehend an und behalte mir vor, weitere Mittheilungen zu machen.

Mit diesen Worten empfahl sich der Pfarrer.

Sein ganzes Verhalten während dieses langen Gesprächs konnte mir nicht anders als seltsam vorkommen. Er blieb in Ganzen genommen ruhig, keine Leidenschaft schien sich seiner bemeistert zu haben; es schien mir auch nicht gelungen, die Gefühle der Eifersucht noch höher zu spannen, als es gestern geschehen war, im Gegentheil mochten sie über Nacht verschwunden und der ganze Mann ein Mensch von gewöhnlichen Empfindungen geworden zu sein. Der Pfarrer war mir ein Räthsel. Hatte er seine Eifersucht während der nächtlichen Nachhausefahrt gegen die Burgfrau austoben las= sen, und war er seitdem ruhiger geworden? das ließ sich nicht annehmen, war doch Mathilde mit im Wagen gewesen; und die muß doch geschont werden, dieses junge Kind darf nicht erfahren, was vor=

geht, weil man es auch auf dem Korne hat.
Hat denn der Ränkeschmidt einen tiefern Grund,
fragt' ich mich unwillkürlich; genügt ihm nicht
der Genuß des schönen Weibes, der ihm aus
dem Füllhorn der Empfindung mit so unendlicher
Hingebung gewährt wird; hat er noch andere
Pläne im Sinn, die mit Ausdauer verfolgt
werden müssen; knüpfen sich diese Pläne gar
an......

Ich dachte weiter, aber ich will diese weiteren
Gedanken hier nicht niederschreiben, sie kommen
später an die Reihe.

Während des Ankleidens war ich zuweilen an
eines der Fenster getreten. Man sieht gerade
auf's Pfarrhaus. Als ich wieder am Fenster
stand, sah ich auf dem Pfarrhof einen Mann zu
Pferde steigen, der dem Anschein nach, so weit
das unbewaffnete Auge erkennen konnte, einer der
Ackerknechte des Pfarrers sein mußte. Hatte ich
doch seine Leute schon mehrmals gesehen. Der
Reiter nahm den Weg nach der großen Landstraße,
auf der er in gestrecktem Trabe und in der Rich=
tung nach der Stadt — — bald hinter Gebüsch
verschwand.

Ist das nicht ein Courier, ein Depeschenträger,
den der Pfarrer abschickt? fragt' ich mich. Gewiß

ist's einer, aber ich versteh' es nicht, was dem
Pfarrer eingefallen sein muß, er hat mich doch
vor kaum einer halben Stunde verlassen. Das
muß etwas sehr Eiliges und Wichtiges sein. Ich
begreife den Mann, wie er heute ist, ganz und gar
nicht. Und da kommt er ja schon wieder hierher,
wahrscheinlich, um sich von der Burgfrau Verhaltungsbefehle zu holen.

Um zehn Uhr war ich im Büchersaal, wo ich
von Mathilden bereits erwartet wurde.

Ich gab ihr das Couvert mit den Denkblättern
zurück; was ich ihr zu sagen hatte, war von mir
wohl überlegt worden. Wie vorsichtig ich auch
in der Wahl meiner Ausdrücke war, und wie
gemildert das Licht, unter welchem ich den Pfarrer
und sein Treiben in diesem Schlosse schilderte,
doch war der Eindruck, den mein Vortrag machte,
ein gewaltiger! Mit beiden Händen ihr anmuth-
volles Gesicht verhüllend, sank Mathilde auf ein
Canapee, an dem sie stand, als ich ihr in der zartesten, ihre Weiblichkeit schonenden Weise Alles sagte,
was ich wußte. Sie hat sich von der Nothwendigkeit überzeugt, dieses Schloß so bald als mög-

lich zu verlassen. Wie jammerte das liebe Kind,
die Burgfrau verlassen zu müssen. Wie kämpfte
und stürmte es in seiner schwellenden Brust, als
ich ihm leise Winke gab von dem Verhältnisse,
welches zwischen der Burgfrau und dem Pfarrer
obwaltet; mit welchem Schmerz drückte Mathilde
ihr von Schamröthe übergossenes Gesicht in das
Sophakissen, und rief einmal über's andere:
Arme, arme Agnes! Sie hat mich angefleht, —
ja, ich darf mich dieses Wortes wol bedienen,
denn der Ton ihrer Stimme und der Blick ihrer
Augen hatte den Ausdruck des Flehens, als sie
mich aufforderte, auch für die Rettung der Burgfrau thätig einzugreifen.

Es ist Folgendes verabredet worden: Mathilde
wird ihren Eltern die Bitte vortragen, von diesen
nach Hause zurückberufen zu werden. Die Beweg-
gründe zu dieser Bitte sind so eigenthümlicher
Art, daß sie dem Papiere nicht wol anvertraut
werden können; sie sollen mündlich von mir
auseinandergesetzt werden, zu welchem Ende ich
bei der Rückkehr in mein Heimathland den Um-
weg über Schloß — — machen werde. Mathilde
wird den Brief an ihre Eltern mir zur Durchsicht
vorlegen. Wir haben uns gegenseitig Verschwiegenheit zugesagt, ich aber habe Mathilden auch die

größte Vorsicht empfohlen, daß sie ganz besonders in dem Benehmen gegen die Burgfrau und den Pfarrer Nichts ändern dürfe. Die angeborene Schlauheit des weiblichen Geschlechts ließ Mathilde meine Bemerkung sofort als richtig und nothwendig erkennen. Ich zweifle nicht daran, daß ihr Benehmen ein taktvolles sein werde; ist doch Verstellung auch ein Erbstück Eva's, von der man sagt, sie sei das erste Weib auf Erden gewesen!

Ich soll die Burgfrau retten! Hat mich Mathilde nicht dazu aufgefordert? Wol hat sie das gethan?

Aber was ist da noch zu retten? Ist nicht Alles, Alles verloren? — Nur die Hoffnung darf nicht sinken; also den Versuch frisch begonnen! Aber wie ihn erfassen? Ich weiß es nicht! Das Hohe muß das Niedrige beherrschen; also wird auch der Geist in diesem begabten Weibe das heiße Blut bewältigen können, wenn seine Strömung einem Thalbette zugeführt wird, in welchem er nach normalen Gesetzen der Bewegung ruhigen Falls dahinfließt. Ist die Versetzung des Pfarrers von seiner hiesigen Stelle ein Mittel zur Rettung? Kaum, möcht' ich meinen, denn starke Leidenschaften sollen ja durch Entfernung wachsen. Die

Wiederverheirathung scheint das einzigste Mittel
zu sein!

———

Nachdem mich Mathilde verlassen hatte, blieb
ich noch in der Bibliothek, um in einer Landes=
chronik zu lesen. Ich stand an einem Bücher=
schrank unmittelbar an der Thür zur Burgfrau
Sanctuarium. Mit einem Mal hört' ich darin
reden und ich unterschied die wohlbekannten zwei
Stimmen. So weit ich sie verstehen konnte — die
Thür hatte heute nicht, wie früher, eine geöffnete
Spalte —, wurde der Unterredung, die der Pfarrer
mit mir gehabt, gar nicht gedacht. Das kam mir
seltsam vor, glaubt' ich doch, diese würde der
ausschließliche Gegenstand des Gesprächs sein, um
über die Mittheilung des sogenannten Geheim=
nisses in's Einvernehmen zu treten. Von alle
Dem war gar nicht die Rede! Um so lebhafter
wurde der gestrige Abend im Graf T.—schen
Hause besprochen, und die Qual, die er, der
Pfarrer, gelitten habe, daß die Burgfrau die Hul=
digungen des Barons A.— angenommen habe.
Aus jedem seiner Worte athmete die wüthendste
Eifersucht. — So hatte ich doch meinen Endzweck
erreicht. — Die Burgfrau überschüttete den Pfarrer

mit den zärtlichsten Namen; ein= über's andere=
mal nannte sie ihn ihren angebeteten Franz, ihren
himmlischen Herkules, sie nannte seine Eifersucht
ein Phantom, ein Nebelbild, dem alles Wirkliche
fehle, sie liebe ja nur ihn, und er wäre der Mann,
der ihr die echte, die wahre Liebe, diese Beglückerin
der Menschen, zum ersten Mal eingeflößt habe,
selbst ihr Gustav habe das nicht vermocht. Und
dabei schien sie den Mann ihres Herzens am
Kopf gefaßt zu haben, denn ich verstand so, was
sie sagte: Dieser Kuß der Stirn, der hohen, geist=
vollen, dieser dem glühenden, blitzenden Auge, und
dieser den Lippen, an denen ich Trunkenheit sauge.
Und dann hörte ich ihn schmachtend flehen: Agnes,
Agnes! zum Versöhnungsfest laß uns opfern. —
Oh, Du Ungenügsamer! Nein.... Ja.... Komm,
Du Freudenspender,.... Ach.... ach....

Ich schlich davon und auf mein Zimmer. Ich
habe mit dem Niederschreiben der heutigen Erleb=
nisse den Anfang gemacht.

Andreas rief zur Tafel. Es ging bei der=
selben sehr gemüthlich zu. Nachdem der gestrige
Abend durchgesprochen war, fragte der Baron

den Pfarrer, was ihn veranlaßt, einen reitenden
Boten so eilig nach — —, der nächsten Poststa=
tion, abzufertigen. Der Burgfrau schien das eine
Neuigkeit zu sein, denn sie machte verwunderte
Augen, mit denen sie auf den Pfarrer blickte,
der sich aber dadurch nicht aus der Fassung
bringen ließ. In einer Pfarramts=Angelegenheit
habe er an seine geistlichen Oberen in — — be=
richtet, und seinen Bericht, weil die Sache Eile
habe, durch Estafette vom Posthause zu — —
weiter befördern lassen. So lautete seine Aus=
sage. Dabei sah er mich an; mir aber gingen
die wunderlichsten Gedanken durch den Kopf; sie
nahmen dieselbe Richtung, wie am Vormittage,
als mich der Pfarrer verlassen hatte.

Es war davon die Rede, ob die Damen den
Nachmittag zu einem Besuch in der Familie von
***, die auf dem Schlosse — — angesessen ist,
benutzen sollten. Ich muß bemerken, daß dieses
Schloß gerade entgegengesetzt von jener Post=
station liegt. Der Pfarrer befürwortete diesen
Plan auf's Lebhafteste und wurde dabei vom
Baron unterstützt, der sich erbot, die Damen
am Abend abzuholen. Darauf wurde der Vor=
schlag zur Fahrt zum Beschluß erhoben und An=
dreas angewiesen, die nöthigen Anordnungen im

Stall-Departement zu veranlassen. Der Pfarrer schien an diesem Beschluß eine kindische Freude zu haben.

Burgfrau und Mathilde sind wirklich davon gefahren; der Baron ist auf's Feld gegegangen; ich sitze auf meinem Zimmer, und schreibe an diesen Denkblättern.

Es klopft. — Herein! — Andreas ist's, der eintritt; er meldet den Pfarrer. — Was will denn der schon wieder, denk' ich; ich lege die Feder nieder, vielleicht kann ich sie gegen Abend wieder aufnehmen!

24.

In später Abendstunde.

Also doch ein Geheimniß, noch dazu ein — famoses Geheimniß, mit großartigem Zweck im Hintergrunde, zu dessen Erreichung die scheußlichsten, aller Moral Hohn sprechenden Mittel in Bewegung gesetzt worden sind!

Meine Ahnung von heute Morgen, die bei Tafel wieder aufgefrischt wurde, hat mich doch nicht betrogen!

Schändlich und abermals schändlich geht es in der Welt zu. Harmlos blickt die große Masse in's Getümmel der Menschen hinein, unbekümmert um Das, was um sie her sich begiebt, sogar gleichgültig gegen Das, was sich zuträgt, wenn's zu ihrer Kenntniß gelangt! Ist das Christenthum in die Welt gekommen, nur um seine Kraftlosigkeit kund zu geben! Hat die Heilslehre vom Erlöser der Welt innerhalb der zwei Jahrtausende, daß sie aller Creatur verkündet wird, zur Besserung der Menschheit wirklich beigetragen? Wol sind sie ausgezogen die Jünger des Herrn und haben geprediget: Thut Buße! aber, die Hand auf's Herz, Ihr Ungläubigen, — nicht viel Teufel haben sie ausgetrieben, nicht viel Sieche haben sie mit Oel gesalbt, nicht viele Kranke gesund gemacht, was auch immer der Evangelist Marcus am sechsten, im zwölften und dreizehnten sagen mag!

Sechs Uhr mocht' es sein, als der Pfarrer unangemeldet bei mir eintrat. Erstaunt war ich, ihn wieder bei mir zu sehen, und ich machte kein Hehl, dieses Erstaunen gegen ihn auszusprechen. Er aber bezog sich auf den Pakt, den wir heute Morgen geschlossen, und der sei die Veranlassung, daß er mich stören müsse: Wechselseitiger Aus-

tauſch unſerer Geheimniſſe, wozu er ſeiner Seits
ſo eben die Erlaubniß erhalten habe. Und nun
erzählte er, dieſe Genehmigung habe von der geiſt=
lichen Oberbehörde zu — — abgehangen, der er
ſogleich nach Beendigung unſerer Unterredung von
heute Morgen Bericht erſtattet habe. Den zu
überbringen ſei die Aufgabe des Eilboten geweſen,
von dem der Baron bei Tafel geſprochen; vor
wenigen Minuten ſei der Eilbote mit der zuſtim=
menden Antwort zurückgekehrt, und darum habe er
es nicht laſſen können, ſogleich zu mir zu gehen.

Ich kann nicht leugnen, ich war überraſcht,
allein ſo wie der Pfarrer die Worte „geiſtliche
Obere" ausgeſprochen, fiel der Schleier mir von den
Augen, ich ſah deutlich das Bild, von dem ich
heute Morgen zuerſt eine Ahnung bekommen; —
das Bild ſtellt nicht mehr eine Liebesaffaire dar,
wie ſie wol alle Tage, auch in den Formen, wie
ſie auf dem Schauplatze dieſes Schloſſes geſpielt
werden, vorkommt, es handelt ſich um Aufführung
eines Ränkeſtücks, bei dem die Wohlfahrt mehr
als einer Familie auf dem Spiele ſteht. Die
Sache, um die es ſich handelt, iſt kurz dieſe: —

Mit dem kinderlos erfolgten Ableben des Ba=
rons Guſtav iſt das alte Geſchlecht derer von Y.
erloſchen. Nach dem, in dieſen Denkblättern frü=

her erwähnten, Familienstatut ist Gustav's Wittwe,
Frau Agnes von Y., der letzte weibliche Zweig
ihres Stammes, berechtigt, eine zweite Ehe ein=
zugehen. Geschieht dies nicht, wird also keine Fa=
milie gestiftet, so fallen die Güter an nebenver=
wandte Familien, von denen die des Freiherrn
von Z. auf Schloß — — das nächste Anrecht
hat. Beides zu verhüten, ist der Inhalt des Ge=
heimnisses, welches mir geoffenbaret worden ist.
Mit den Stiftungen sich nicht begnügend, welche
bei Ertheilung der Dispensation zur Verheirathung
von so nahen Verwandten, wie Gustav und Agnes
waren, für kirchliche Zwecke errichtet werden muß=
ten, will die Kirchengewalt das ganze reiche Besitz=
thum der Familie von Y. zum Eigenthum der
Kirche machen! Das zu bewirken ist die Aufgabe
des Burgkaplans. Wahrlich, die geistlichen Obe=
ren konnten kein besseres Werkzeug finden zur
Vollstreckung ihrer Befehle; sie haben ihm in der
Wahl der Mittel durchaus freie Hand gelassen.

Und welches infamen Mittels bediente sich
dieser nichtswürdige Bube!

Der Zweck heiligt die Mittel! und: Alles zu
Ehren der Kirche! Das sind die Grundsätze des
Otterngezüchtes, das die Vermessenheit hat, sich
als Verkündiger von Gottes Wort zu gebahren.

Bei diesen Offenbarungen des Pfarrers ging ich an seiner Seite im Zimmer auf und ab. Zufällig fiel mein Blick in einen Spiegel, ich sah, mein Gesicht war erbleicht vor innerer Wuth! Soll' ich, dacht' ich, dem Buben es in's Gesicht schleudern: ich kenne das Mittel, das Du gewählt hast, um die Befehle Deiner nichtsnutzigen Oberen zum Vollzug zu bringen! Nein! mußt' ich mir sagen, thu' es nicht; bei diesen Enthüllungen einer schwarzen That ist Vorsicht von Nöthen.

Und als der Pfaff geendigt, nahm er mir das Versprechen ab, von dem Gehörten keinen Gebrauch zu machen. Ich hab's gegeben, mein Versprechen aber auf die Mauern dieses Schlosses, die Gränzen dieses Landes beschränkt. Er ist damit zufrieden gestellt. Ich aber habe Mathildens Vater im Sinn, den ich bald sehen und sprechen werde, der möge handelnd eintreten.

Nun aber kam die Reihe an mich; nun sollt' ich enthüllen, was ich von der muthmaßlichen Wiederverheirathung der Burgfrau mit dem jungen Baron von A. Zuverlässiges wisse.

Und als ich, bei der Erinnerung an mein ihm vorgespiegeltes sogenanntes Geheimniß wiederum heiter gestimmt, herzlich lachte und ihm betheuerte, daß die ganze Geschichte eine Erfindung von mir sei, die sich auf keine Spur von Wirklichkeit stütze, daß es nur so mein Gedanke gewesen, Baron A. könne ein passender Eheherr für die Burgfrau sein, nahm mir der Pfarrer das Ehrenwort ab, daß ich die Wahrheit gesprochen. Ich gab es ihm mit dem spöttischen Zusatze: Die Kirche ist der rechtmäßige Erbnehmer der Besitzungen der Burgfrau, stammt doch Alles, was wir unser Eigenthum nennen, von der Kirche, von ihr hat die Familie Y. ihre Güter zu Lehn getragen, recht also, daß sie an den Lehnsherrn zurückfallen, da die Familie völlig er=lischt. Sorgen Sie nur, Pfarrer, für Ausfer=tigung der Urkunden, die zu diesem Lehnsrückfall doch wol nothwendig sein dürften. Ich werde gegen den Baron Joseph nicht plaudern, darauf verlassen Sie sich.

Der schurkische Pfaff ließ mich allein. Hebe Dich weg von mir, Satanas! rief ich ihm beim Weggehen im Stillen nach.

25.

Schloß — —, im — — thal, den 20. Juli 1856.
Abends.

Dank, tausend Dank für die Briefe, mit denen
Du, Herzens-Weib, mich zwei Mal auf diesem
Schlosse erquickt und die finsteren Wolken verscheucht
hast, die sich um meine gequälte Seele und über
ihr abgelagert haben. Welcher Art die Verfin-
sterung und welcher Ursache sie zuzuschreiben sei,
das wirst Du, geliebte Marie, aus den anbei
erfolgenden Blättern meines hier geführten Tage-
buchs herauslesen, dessen Ausführlichkeit mich
einigermaßen entschuldigen, ich will nicht sagen,
rechtfertigen möge, daß ich drei Wochen habe ver-
fließen lassen, ohne Nachricht von mir zu geben.
Manche Zeile in diesen Blättern wird Zeugniß
für mich ablegen, daß Dein holdes Bild auch in
weiter Ferne stets vor meiner Seele schwebt. Wie
könnt' es auch anders sein, da das glücklichste
Zuströmen jugendlichen Frohsinns und geistesreger
Frische eine Innigkeit der Empfindungen in der
Seele des Sechszigjährigen — niederschlägt, die
Rührung bis zu Thränen, aber auch Heiter-

13*

keit bis zum Lachen hervorbringt, und wol ge=
eignet ist, Theilnahme für Welt und Menschen
aufrecht zu halten und zu verhüten, daß nicht
Menschenverachtung in mein Herz ihren Einzug
nehmen; Du, Marie, bist es, die ihm und seinen
Gefühlen Lebensodem wieder einflößt, wenn es
über die Schwächen, über die Laster der sterblichen
Mitwesen verzweifeln möchte; Du holdes Weib
bist es, das Kopf und Verstand mir wach erhält
und reizbar zur Thätigkeit.

In diesen Blättern stößest Du auf Schilde=
rungen von Auftritten, die, ich weiß es vorher,
Dein reines Herz, Dein sittliches Gefühl belei=
digen und verletzen werden. Und doch kann ich
Dich nicht damit verschonen, weil sie nun einmal
im Tagebuche stehen, das ich durch Ausschneiden,
Ausstreichen u. d. m. nicht verstümmeln mag und
will; nicht einmal des Lesens dieser Scenen kann
ich Dich entheben, weil Du den Zusammenhang
verlieren und dem, was ich hier im Schlosse — —
erlebt, die Spitze abbrechen würdest. Geh' drauf
und dran, stoßkräftig und sturmkühn, und Du
wirst die Pille, wie bitter sie auch sein möge, ohne
die Bitterkeit zu empfinden, herunterschlucken. So,
Weib meines Herzens, zeigst Du die Stärke Deines
Geistes, der über allen menschlichen Schwächen

steht und für jede derselben ein milder Richter ist, ohne Ungeduld, ohne Zorn, in voller Freiheit, die mit Schönheit vermählt ist. Lies also diese Stellen meines Tagebuches, ohne welche der Zusammenhang meiner Aufzeichnungen verloren gehen würde. Sie zeigen Dir ein Weib, nach Außen als eine üppig blühende Centifolie dem Geiste und seiner Umhüllung nach, im Innern aber wurmstichig an Leib und Seele, wie so viele Deines Geschlechts.

Wirst Du, liebe Marie, nun endlich Deine Verwandtschaft mit dem ungläubigen Thomas verleugnen? Meine Denkblätter schildern Agnes, das Weib wie es ist, hingerissen von den Empfindungen eines feurigen Temperaments, welches, innerhalb einer verhältnißmäßig kurzen Ehe noch mehr angefeuert, nun, nach Lösung derselben, den Genuß nicht entbehren kann; hat sie als Wittwe ihn auch nicht gesucht, sie hat ihn nicht zurückgewiesen, als er ihr geboten wurde, sie hat sich ihm ganz in die Arme geworfen, mit einer Inbrunst, die, als Ausfluß des Nervensystems, mit der Reizbarkeit desselben gleichlaufend ist. Was die Sittenprediger und Moralisten Tödtung des Fleisches nennen, was ist das anders, als der Versuch einer Bewältigung von Anlagen und Trieben, die Gott

in uns gelegt hat, in den Einen stärker, in den
Andern schwächer. Ist das aber naturgemäß?
Ich bin nicht abgeneigt, mich unter die philo=
sophische Fahne des Burgkaplans von Schloß — —
zu stellen!

Erschrick nicht, liebes Weib! ich habe noch nicht
den Fahneneid geleistet. Geschieht's aber, nun,
dann mußt Du mit hinüber in's andere Lager;
das versteht sich von selbst. Mann und Frau in
zwei verschiedenen Lagern, das geht nicht; und
eine gemischte Ehe führt zu nichts Gutem.

Was ich Dir, liebe Marie, zur Erläuterung
meines Tagebuches noch zu sagen habe, betrifft die
Art der Aufzeichnung allgemeiner und besonderer
Unterhaltungen, der Vorträge, der zärtlichen Zwie=
und der gesellschaftlichen Mehr=Gespräche 2c. Meiner,
Dir wohlbekannten, Gewohnheit treu hab' ich auch
in diesem Tagebuche Alles, was ich gehört und
was ich gesprochen, jedes Mal unmittelbar, nach=
dem ich auf mein Zimmer gekommen war, nieder=
geschrieben. Mein Verfahren dabei ist, ich erlaube
mir, Dich daran zu erinnern, daß ich mich in
eine Ecke des Canapees setze und nun mit aller
Seelenruhe das Gehörte noch ein Mal überdenke,
indem ich auf den Ursprung des Gesprächs zurück=
gehe und es bis an's Ende verfolge. Diese Me=

thode verbürgt mir bei Abfassung meiner Denk=
blätter zwar nicht unbedingt und durch den gan=
zen Verlauf der Unterhaltung und der vernom=
menen Reden den Wortlaut derselben, doch aber
bedingter Weise in vielen Fällen, während sie
mir den Sinn und Geist des Gesprochenen je
nach Lage und Zweck des Redners auf's Lebhaf=
teste vergegenwärtigt und mich in Stand setzt,
den Inhalt und Eindruck des Gehörten mit Worten
wiederzugeben, die bei aller Freiheit, die ich mir
bei ihrem Gebrauch gewähren muß, doch immer
an die wirklich gebrauchten Wendungen der Rede
nach Möglichkeit sich anschließen. Mit Anwendung
dieser Methode glaub' ich in jedem einzelnen Falle
ein sprechendes und ziemlich vollständiges Bild
des ganzen Hergangs in diesen Denkblättern nie=
dergelegt zu haben.

Seien sie Dir zur wohlwollenden Aufnahme
bestens empfohlen. Beurtheile sie mit Nachsicht!

Dieses Schloß, in dem ich eine so gastliche
Aufnahme gefunden und dessen Räume mir wie zu=
fällig die Gelegenheit dargeboten haben, tiefe Blicke
in die Schwachheit eines weiblichen Herzens zu
werfen, welches, aller moralischen Potenzen bar,
vom Temperament beherrscht, der Gewalt priester=
licher Ränkesucht unterlegen ist, — ich werd' es

morgen verlaſſen. Ich gehe nach Schloß —, der
Beſitzung des Freiherrn von Z., und zwar nicht
über München, ſondern gerades Weges von der
Mündung des —thals nach Landshut und wei=
ter über Regensburg.

Erfreue mich nach Schloß — mit einem Briefchen!

Lebe wohl, theures Weib, erhalte mir Deine
Liebe und glaube an die meinige, welche Dein
iſt bis an den letzten Hauch meines Lebens. Und
mit dieſer Liebe laß uns hoffen!

Dein getreuer

Karl.

————

26.

Schloß ——, ten 24. Juli 1856.

Herzens = Marie!

Was ſagſt Du dazu, daß ich noch hier bin? Du
denkſt mich ſchon in einem der Thäler des böhmiſch=
baieriſchen Scheidegebirges, auf dem Schloſſe —, bei
ben Eltern der lieblichen Mathilde, und nun mel=
den Dir dieſe Zeilen die Schwäche Deines ehe=
herrlichen Sklaven, die der flötenden Nachtigallen=
ſtimme der Verführeriſchſten Deines Geſchlechts

nicht hat widerstehen können. Die schöne Burg=
frau, Agnes von Y., ist Ursache, daß ich wie ge=
bannt bin an dieses Schloß, an diese himmelan=
strebenden Berge, von denen zu trennen, ich darf's
nicht verhehlen, mir nicht leicht wird. Zwei Kräfte
entgegengesetzter Natur haben den Tummelplatz
ihrer Bewegungen und Wirkungen in meiner Seele
und meinem Herzen angesiedelt: die eine Kraft
zieht an, die andere stößt ab! Und welche von
beiden Kräften hat in diesem Kampfe der Em=
pfindungen und Stimmungen den Sieg davon ge=
tragen? Die anziehende Kraft ist es, die obge=
siegt, nachdem sie einen mächtigen Streitgenossen
in den Pflichten der Convenienz und des welt=
männischen Anstandes gefunden, die mir gebieten,
der eben so bringend als süß vorgetragenen Ein=
ladung, noch einige Tage zu bleiben, Folge zu
geben, abgesehen von dem Gefühl der Dankbar=
keit für genossene Gastfreundschaft, das auch ein
mächtiger Hebel gewesen ist bei dem Entschluß,
das Schloß — — noch nicht zu verlassen.

Nicht widerstreben konnt' ich; ich durft' es nicht,
als ich am 21., mit dem Einpacken meines kleinen
Reisekoffers beschäftigt, vom Baron Joseph dabei
überrascht wurde, und er nun mit den freund=
schaftlichsten Ausdrücken in mich drang, abzulassen

von dem, was ich vorhatte, und als er, merkend, ich wolle nicht ablassen, Hülfe herbeirief, und nun die Burgfrau und Mathilde herbeieilten, ihre Bitten mit denen des Barons zu vereinigen. Und mit welchem flehenden Blick begleitete Mathilde ihre Worte, als wollte sie sagen: Ich habe noch mit Dir zu sprechen!

Hab' ich recht gethan, geblieben zu sein und noch zu bleiben? Sag' an, geliebte Marie!

Mathildens Blick verstand ich. Wir hatten verabredet, das holde Kind solle seine Eltern um Zurückberufung bitten, ich aber von dem Briefe vor seinem Abgange Kenntniß nehmen. Das war noch nicht geschehen, und im Sturm der Empfindungen die Verabredung mir ganz außer Acht gekommen.

Ich habe den Brief gelesen. Ein kindliches Gemüth spricht aus ihm in unendlicher Fülle. Nein, sag' ich mir, Mathilde ist noch nicht von den Klauen des Satans erfaßt, die Reinheit des Gefühls, die jede Zeile ihres Schreibens athmet, bürgt dafür, was auch die Denkblätter dawider sagen mögen, von denen sie mir Bruchstücke gegeben hat; sie zeugen nur von augenblicklicher Verirrung rein menschlicher Empfindungen, die im Bewußtsein nicht zur Klarheit der Anschauung durchgedrungen sind. Aber im Burgpfaffen und in der Burgfrau liegt die drohende Gefahr, daß ein Walten des Dämonischen, das in der menschlichen Natur sich offenbart, auch bei Mathilden zum Durchbruch kommen, auch bei ihr zum Sünden= fall führen werde. Darum ist baldige Heimkehr in's elterliche Haus bringendes Gebot. Aus seinen geordneten und klaren Geisteswegen, wie ich sie nach des Barons Joseph Mittheilungen voraus= setzen darf, eröffnen sich auch fernerhin sittliche Einwirkungen auf des lieben Kindes Gemüth, auf sein bewegtes Herz.

Marie! sprich, ob ich in Deinem Sinne handle, daß ich geblieben bin, daß ich es mir heraus= nehme, eines jungen Mädchens Tugendwächter sein zu wollen. Hat es mich doch zu diesem — Amt berufen in voller Unschuld und Hingebung. Gieb Deine Genehmigung, Du Regentin meines Her= zens, strecke die fein organisirten Fühlhörner Dei= ner Weiblichkeit aus und betupfe die innersten Regungen Deines Herzens im Mitgefühl für die bedrohte Schwester, die Dich liebt, so herzinnig, weil ich ihr von Dir erzählt und sie zur Vertrau= ten des Glückes gemacht, dessen mich Gott durch Dich, Marie, gewürdigt hat. Eine ahnungsvolle Neigung zieht Mathilde zu Dir hin. „Könnt' ich

in Ihrem Hause leben," sagt sie mir, „an der
Seite einer edlen Frau, wie Sie mir Ihre Ge=
malin schildern, ich würde Vater und Mutter
nicht vermissen, und auf neuer froher Wander=
schaft recht glücklich werden!"

Wend' auch ihr Deine Liebe zu; ich bitte
darum.

Die Burgfrau fährt fort, das unerschöpfliche
Füllhorn ihrer Liebenswürdigkeit mit den herrlich=
sten Blüthen über mich auszuschütten, die süß
duften und Wohlgerüche strahlen würden, hinter=
ließen sie nicht in meiner Seele sehr viel von der
giftigen — Odeur, die man dem Gottseibeiuns
zuzuschreiben pflegt.

Und der Baron Joseph, der herzige Freund
ohne Falsch, wie beklag' ich es, ihn betrüben zu
müssen! Und doch ist es nothwendig zur Rettung
seiner Nichte und Schwiegertochter, daß ich den
Freiherrn von Z. von Allem in Kenntniß setze,
was zu meiner Wissenschaft gelangt ist. Mathilde
hat mich zum 2. August bei ihren Eltern an=
gemeldet. Schwer zu lösen ist die Aufgabe, die
mir die Tochter beim Vater auferlegt hat, um so
schwerer, als ich den Baron Z. noch nicht per=
sönlich kenne. Doch geh' ich mit frohem Muth
an's Werk, da mir Freund Joseph sagt, sein Vet=

ter auf Schloß — sei ein edles Gemüth und welt=
erfahrener Mann. Diese Eigenschaften werden mir
die Lösung der schwierigen Aufgabe erleichtern
helfen.

Ich bin in den zuletzt vergangenen drei Tagen,
theils in Gesellschaft des Barons Joseph, theils
allein, dann aber in des alten Andreas Beglei=
tung, der noch immer ein tüchtiger Bergsteiger ist,
wie die meisten Alten in diesem Lande, auf den
Bergen der Nachbarschaft viel umhergewandert,
oder vielmehr einem Eichhörnchen gleich, auf und
ab geklettert; denn von Wandern auf den jähen
Abstürzen dieser Hochgebirge bis zu den höchsten
Jöchern und Tauern kann hier zu Lande nicht
die Rede sein. Das Augenmaß, das aus dem
Flachlande kommt, hat hier seinen Werth verlo=
ren. Gewöhnt nur an Eine Weite, an die waage=
rechte, hat es kein Maß für den Einfluß der senk=
rechten Entfernung, der so bedeutend ist, daß Wei=
ten, die ich in zehn Minuten oder einer Viertel=
stunde Zeit zurückzulegen glaubte, nicht selten
zwei, auch drei volle Stunden erforderten. Trotz
der körperlichen Anstrengung und Mühseligkeit,
die auf jedem Schritt und Tritt daran geknüpft
ist, sind diese Bergreisen, ich kann sie so nennen,
denn zwei derselben nahmen den ganzen Tag in An=

spruch, von wunderbarem Genuß für Geist und
Gemüth gewesen; groß ist die Ausbeute von Hand=
stücken für die mineralogische Sammlung, noch
größer an seltenen Pflanzen, die in der höhern
Alpenregion ihren Standort haben, und unend=
lich der Reichthum an Bildern der großartigen
Gebirgswelt, die eine, für Naturschönheiten und
Landschaftsgemälde empfängliche Seele durch's
Auge in sich aufnimmt. Ich habe ein Paar Aus=
und Ansichten mit flüchtigen Strichen in mein
Skizzenbuch geworfen, die Dir, liebes Weib, einen
ungefähren Begriff geben werden von den Berg=
formen dieses Landes, das von den Landschafts=
zeichnern mit großem Unrecht bisher ganz unbe=
achtet geblieben ist.

Die gestrige Alpenwanderung war von kurzer
Dauer. Sie führte mich Nachmittags in die Ge=
gend von Schloß — —, des Grafen von T. — Ich
kehrte da ein, was um so rathsamer schien, als
an den gegenüberstehenden Gebirgshörnern Gewit=
terwolken sich sammelten, die nach Landesart mit
baldiger Entladung drohten. Und so kam es auch.
Kaum war ich unter Dach und Fach, als ein Don=
nerwetter zum Ausbruche kam, so stark ich es in
diesen Bergen noch nicht erlebt habe.

Die Aufnahme, die ich fand, war, wie bei

meinen früheren Besuchen, die herzlichste von der Welt. Das gesellige Leben in diesem Kreise geistig begabter Menschen ist anziehend und genußreich. Der Austausch von Meinungen und Erzählungen war auch gestern lebhaft, Ernst und Scherz fanden unerschöpflichen Stoff. Für meine Anschauungen tiefen Ernst athmend war das Gespräch, welches sich um die Burgfrau von Y. bewegte. Ich erfuhr, daß unter den Bewerbern um Herz und Hand der schönen Wittwe auch der Baron A. — gewesen, er aber mit den übrigen abgewiesen worden sei. Nichtsdestoweniger schwärme er noch immer für die Burgfrau, und habe die Hoffnung auf Erhörung nicht aufgegeben, vielmehr sei sie gesteigert worden, seitdem die Baronin bei ihrer letzten Anwesenheit auf Schloß — — mit dem jungen A. — zusammengetroffen sei, und sie sich mit ihm lange und anziehend unterhalten, was ihn außerordentlich beglückt habe. Die Gräfin T. — fragte mich, ob auf Schloß — — vom Baron A. — vielleicht die Rede gewesen sei. Freilich war es der Fall gewesen! Aber wie? Die Tagebuchblätter, die Du, theuerste Marie, gelesen hast, geben Dir darauf Antwort. Aber durft' ich ihrer gegen die Gräfin T. — gedenken? Nimmermehr! Ich wich also aus, so gut es gehen wollte, indem ich

eine beſtimmte Antwort auf die Frage durch die
Bemerkung zu umgehen ſuchte, daß auch ich, nach
der von mir erlangten Kenntniß des Paares, eine
eheliche Verbindung deſſelben für angemeſſen er=
achten müßte. Die Gräfin T. — hat mich aufge=
fordert, die noch übrigen Tage meines Verweilens
auf Schloß — — ja nicht ungenutzt vorüber=
gehen zu laſſen, um bei der Burgfrau von Y.
eine günſtige Stimmung für den Baron A. — rege
zu machen, und, wenn ſie ſchon da ſei, ſie nach
Kräften zu nähren und zu ſtärken. — Ein ſchwie=
riger Auftrag!

Als das Gewitter ausgetobt hatte und die
Abendſonne am heitern Himmel ihren Tageslauf
zu vollenden im Begriff war, nahm ich von der
liebenswürdigen Familie des Grafen T. — Abſchied
und wanderte nach Haus, wo man meinetwegen
in großer Sorge geweſen war, indem die Befürch=
tung vorgewaltet hatte, das Unwetter könne mich
hoch oben in den Bergen überraſcht haben. Um
ſo größer war die Freude, als ich erzählte, daß
ich im Hauſe des Grafen T. — Schutz und gaſtliche
Aufnahme gefunden. Ich benutzte die erſte ſich
darbietende Gelegenheit, um mit Erledigung des
Auftrages der Gräfin den Anfang zu machen,
indem ich von den wiederholt empfangenen gün=

stigen Eindrücken sprach, welche die Erzählungen über den Baron A. —, sein ehrenhaftes Wesen und die Hochherzigkeit in seinem Charakter auf mich gemacht, denen zufolge ich die Ueberzeugung gewonnen habe, daß der junge Mann alle Eigenschaften besäße, seine künftige Gemahlin, falls er sich zu einem Ehebündniß entschließen könne, glücklich machen. Die Burgfrau hörte meine Lobeserhebungen aufmerksam zu, warf mir dann und wann lächelnde Blicke zu, hatte aber kein Wort, das an ihren Empfindungen zum Verräther geworden wäre. Gewiß dachte sie an ihren Franz-Herkules! Glücklicher Weise war der Pfaff nicht anwesend.

Ich fürchte nicht, geliebtes Weib, Dich mit all' diesen Ausführlichkeiten über Personen, die Du nur aus meinen Denkblättern kennst, zu langweilen; nimmst Du doch den innigsten Antheil an der Wohlfahrt und dem Glück des Nebenmenschen so weit Beides auf dieser irdischen Laufbahn zu erringen ist.

Der Bote, der auf die nächste Postanstalt geht, um Briefe dahin zu bringen und von den angekommenen die für das Schloß — bestimmten nebst den Zeitungen abzuholen, steht, wie mir der alte

Andreas sagt, im Begriff aufzubrechen. Ich muß daher schließen.

Mit herzinnigster Liebe ewig

Dein getreuer Karl.

27.

Schloß — —, den 26. Juli 1856.

Geliebte Marie!

Aurora öffnet mit ihren rosigen Fingern so eben die goldenen Pforten des Aufgangs. Die Zinken und Zacken der Schnee- und Eisgruppe des — — erglühen in einem Strahlenmeer, glänzender und flammender, als die stärkste Batterie ihr elektrisches Licht entladen kann. Die Thäler schlummern noch in der Ruhe der Nacht, noch kein Sänger der Luft läßt sein fröhlich Lied ertönen, wol aber sind es die Männer des Hühnergeschlechts, die im innern Schloßhofe und im Dorfe den anbrechenden Tag verkünden. Naturschauspiele so hehrer Art, wie dieses, kennt nur das Hochgebirge. Sie bezaubern nicht blos das Auge, sie sprechen zum Herzen in einer Sprache voll erhabener Poesie, die jedem Alpenbewohner tief in's Gemüth gepflanzt ist; Sang und Klang tritt aus seinem Innersten hervor in bald heiteren, bald schwermüthigen Liedern, deren Sangweisen in Jedermanns Munde sind.

Ich bin an's Fenster getreten, wie schon so oft, das Bild zu schauen der Thalnacht, die in den Strahlen des mit jedem Augenblick höher steigenden Abendsterns von Stufe zu Stufe verschwimmt und Raum giebt dem Licht, das aller Creatur neues Leben einhaucht zur Vollendung ihrer Bahn, sei sie lang, sei sie kurz! Ich sehne Dich, Marie, an meine Seite, damit auch Du schwelgen könnest in dem Hochgenuß der Empfindungen, die von der Alpennatur im Herzen des fühlenden Menschen erregt werden. Und welches Weib hätte ein fühlenderes Herz, als Du? All und jedes Vergnügen ist vom Uebel, wenn man's mit Reue erkauft. Ich aber habe mein Vergnügen mit Reue erkauft, die ich empfinde, Dich nicht — gezwungen zu haben, mich auf dieser Alpenreise zu begleiten. Kennst Du denn nicht das Sprüchwort: Getheilte Freud' ist doppelt Freude, getheilter Schmerz ist halber Schmerz! Wie selbstsüchtig! wirst Du ausrufen; aber, Gebieterin meines Herzens, giebt's einen einzigen Menschen,

14*

der ganz ohne Selbsucht ist? Die meinige hat ja auch Dich im Auge!

Heller Tag ist in meinem Zimmer. Niedergesetzt hab' ich mich am Schreibtisch, das Vorstehende zu schreiben, vor Allem aber Dich zu bitten, mir Deine Liebe zu erhalten.

Oh, über den Zweifler, wirst Du sagen! Weiß er es denn noch nicht, daß ich ihn liebe?

Wol weiß ich's! Aber was thu' ich denn mehr, als um Erhaltung flehen? Es giebt nicht einen Menschen, der nicht seine Fehler hätte, der beste aber ist der, welcher ihrer am wenigsten hat. Und am wenigsten fehl' ich, wenn ich Dein Herz und seine Unwandelbarkeit anrufe!

Vom Menschen in diesen Thälern der Alpen hab' ich Dir noch Nichts erzählt, das heißt vom Menschen, so weit er dem Volke im engern Sinne angehört. Er ist groß, hoch gewachsen, von markiger Gestalt, von der Formen unzertrennlich sind, die dem Begriff des Schönen entsprechen. So tritt uns der Mann entgegen, so das Weib, bei dem natürlich die Kraft gemildert, veredelt ist zur Anmuth, zum Liebreiz. Nirgends in unserm norddeutschen Flachlande, — und ich kenne es doch in der Kreuz und in der Quer, — hab' ich so schöne Frauengestalten, so regelmäßige und aus-

drucksvolle Gesichtszüge, so viel Adel in der gan=
zen Haltung bei beiden Geschlechtern gesehen, als
in diesen Alpenthälern, von denen jenseit des Scheide=
rückens das Zillerthal, — und ich glaube es schon
in meinem Tagebuch angemerkt zu haben, — einen
Menschen birgt, der unserm Rauch und jedem pla=
stischen Künstler wie jedem Maler zum Modell
dienen kann. Ganz besonders ist das Weib des
Zillerthals wegen seiner Schönheit berühmt.
Von einer Tochter dieses Thals hab' ich erzählen
hören, daß sie als Händlerin von Handschuhen,
deren Fabrikation ein bedeutendes Nebengewerbe
im Ziller= und in anderen Thälern Tyrols ist, bis
nach St. Petersburg gewandert sei, wo sie die
Aufmerksamkeit des Kaisers Nikolaus auf sich zu
lenken gewußt, und dieser, gewiß ein genauer
Kenner und scharfer Kritiker weiblicher Schönheit,
geraume Zeit in ihren Fesseln gelegen habe. Diese
Verbindung führte nach Jahr und Tag einen lieb=
lichen Knaben in's Zillerthal, der die Gesichtszüge
des Kaisers nicht verkennen ließ. Dort wurde
er zwar im Stande seiner Mutter, doch mit kai=
serlicher Munificenz erzogen. Er hat sein Leben
aber nur auf eine Dauer von zehn oder zwölf
Jahren gebracht. Ganz verschieden von den Be=
wohnern dieser tyrolischen und der gegen Mitter=

nacht geöffneten Alpenthäler überhaupt ist der Mensch jenseit der Tauernkette in den oberen Mur= und Drauthälern der Steiermark und Kärntens. Da ist er, so erzählt mir Baron Joseph von Y., klein, unansehnlich, schwächlich, ein ganz anderer Menschenschlag, bei dem, besonders im weiblichen Geschlecht, der Kropf in seiner fürchterlichsten Gestalt ein Gebrechen ist, das von Geschlecht zu Geschlecht vererbt und in vielen Engthälern zum Cretinismus und zu dem damit unzertrennlich verbundenen Blödsinn ausartet. Die Tracht der Alpenbewohner brauch' ich Dir nicht zu beschreiben, Du kennst sie von den Alpensängern her, die dann und wann auch unser Heimathland besuchen. Wie diese Leute sich tragen, so geht hier alles Landvolk, Alt und Jung, Mann und Weib. Kleidsam kann ich diese Tracht nicht finden, nicht einmal in allen ihren Stücken zweckmäßig, was doch der erste Zweck jeder Kleidung sein soll. Die Macht der Gewohnheit hat sie verewigt.

Andreas tritt ein mit einer Einladung des Barons Joseph, an einem Morgenspaziergang nach dem Dorfe — — Theil zu nehmen. Ich kann sie nicht ablehnen; ich muß gehen. — Abieu, liebes Weib.

Ich weiß nicht, theure Marie, wie die Fee es gemacht hat, mich nach aufgehobener Tafel gegen die Gewohnheit, die mich auf mein Zimmer zu führen pflegt, in den Schloßgarten zu bringen, genug, die Burgfrau hatte mich mit einem Male in die schattigen Gänge versetzt, in denen ich an ihrer Seite auf- und abgehen mußte, ich mochte wollen, oder nicht. Daß diese eben so geschickt angelegte als, ich kann sagen, kühn ausgeführte Bewegung einem bestimmten Angriffsplane vor= arbeiten sollte, dacht' ich mir wol. Mit dem fein= sten Takt, der bald diesen, bald jenen Gegenstand berührte, wußte die Burgfrau das Gespräch end= lich auf den jungen Baron A. — zu lenken. Sie gedachte seiner in ehrendster Weise, lobte die äußere Erscheinung seines mannhaften Wesens und sei= ner Haltung, und sprach von seiner Gemüths= und Geistesrichtung, der sie glänzende Seiten zu= traue, die in innerer Wärme ihren Ursprung zu haben scheine. — Ich war überrascht. — Sie fragte, ob denn all' die Lobeserhebungen, mit denen ich den Baron überschüttet, als ich neulich Abend vom Schlosse des Grafen T. — heimgekom= men, in voller Ueberzeugung gemeint und gespro=

chen seien? Und als ich sie dessen hoch und theuer
versicherte, brach sie das Gespräch mit den, wie
es mich bedünken wollte, schwermüthig gesproche=
nen Worten ab: Besser ist's, als Freie sterben,
denn als Sklavin leben! Ich aber dachte: Besser
ist schweigen, denn zur unrechten Zeit sprechen,
und Weisheit ist es, Zeit und Worte sparen!

Ist sie, die Unglückliche, in sich gegangen?
Hat sie, die Geistesrege und Klardenkende, den
Verstand zu Rathe gezogen; und vermöge der,
allen Weibern, also auch ihr, angeborenen Schlau=
heit Ahnungen von dem Endziele, das ihr Franz=
Herkules auf Befehl seiner Oberen zu erreichen
hat? Mag's darum sein, wie ihm wolle, für mich
ist die Wahrnehmung, daß sie anfängt, über ihre
Lage nachzudenken, ein Grund zu glauben, daß
die Verblendete noch nicht verloren ist und viel=
leicht, ohne äußern Anstoß, selbeigene Kraft genug
besitzt, auf den Pfad der Tugend zurückzukehren.
Kein Glück ohne Tugend! wird sie gedacht haben.

Mathilde, das liebliche Kind, ist nicht meiner
Meinung. Nein! — vielleicht — hat sie entschie=
den verneint. Mathilde, nachdem ich ihr von der
Unterhaltung mit ihrer Base in allgemeinen Um=
rissen erzählt, glaubt, daß ein Anstoß von Außen
nothwendig sei, und daß, wenn ich selbst diesen

Stoß nicht geben wolle, ich auf's Baldigste zu
ihrem Vater gehen und dem Alles mittheilen solle,
was ich wisse; damit von ihm, dem nahen Ver=
wandten des Hauses, die nöthigen Schritte ein=
geleitet werden möchten zu dem, was sie mit mir
die — Rettung ihrer Cousine nennt. Eilen Sie
zu meinen Eltern, sprach sie mit einer gewissen
Hast, damit der günstige Augenblick nicht versäumt
werde, vielleicht für immer verloren gehe! Oh,
sagte sie, Freund Hain mit der Sichel erwartet
uns Alle, aber wenig kümmert's den Menschen,
der sich nichts vorzuwerfen hat, ob er früher, ob
er später anklopft! Wie wahr! dacht' ich, und setzte
in Gedanken hinzu: Du scheinst vom Lebenswan=
del Deiner Base mehr zu wissen, als der Rein=
heit eines jungfräulichen Herzens ziemt und zu=
träglich ist.

Den 27. Juli.

Früh am Morgen kam Andreas mit einem
freundlichen Gruße Mathildens und der Einla=
dung, gegen zehn Uhr in der Bibliothek zu erschei=
nen, wo sie mich zu sprechen wünsche. Ich habe
mich zur bestimmten Zeit eingestellt. Mit Rück=
blick auf den Umstand, daß Baron v. A. — sich um
die Hand ihrer Cousine, wiewol vergeblich, be=

worben, hat mich Mathilde aufgefordert, dieses
Punktes in einer Unterredung mit der Burgfrau
zu gedenken. Diese habe, so versichert mich Ma=
thilde, großes Vertrauen zu mir gefaßt und gebe
viel auf mein Urtheil und meinen Rath, insonder=
heit was den Baron betreffe, von dem ich neulich
Abends, als ich vom Grafen T. — zurückgekehrt sei,
in so lobender Weise gesprochen hätte. Ich ge=
stand Mathilden, daß ich gestern, als wir von der
Burgfrau gesprochen, ihr nicht die ganze Wahr=
heit gesagt, und das selbst angebahnte Eingehen
derselben auf den Baron von mir verschwiegen
worden sei. Gegen mein Geständniß tauschte sie
das ihrige aus, dahin lautend, daß die Burg=
frau auch mit ihr über den Baron A. — gesprochen
habe, doch in Richtungen und Ausdrücken, die es
zweifelhaft erscheinen ließen, ob durch Selbstbe=
stimmung der Cousine des Barons Wünsche in
Erfüllung gehen würden. Darum sei sie der Mei=
nung, daß meine An= und Zusprache geeignet sein
werde, den Weg zu ebenen, welchen ihr Vater,
Baron Z. —, unter Vermittelung des Oheims Jo=
seph, werde zu beschreiten haben.

Die klaren Anschauungen des lieblichen Mäd=
chens in so jugendlichem Alter sind bewunderungs=
werth. Wir haben verabredet, daß Mathilde mir

einen Wink geben solle, wann der Zeitpunkt ge=
kommen, den sie zur beabsichtigten Unterredung für
den rechten halte. Ich kann auf ihren Scharf=
sinn bauen. Wird die Bundesgenossenschaft, in
die ich mit einem jungen Mädchen getreten bin,
den Erfolg haben, den wir uns versprechen? Wir
wollen Gutes stiften; allein dieselbe Urtheilskraft,
die gebietet, das Gute zu thun, erregt mir in der
Seele die Befürchtung, daß das, was wir erstreben,
nicht gut genug sei, um Anerkennung zu finden!
Dennoch geht niemals verloren das Gute, das
wir thun, vergessen es auch die Menschen, die
Götter gedenken seiner und belohnen es.

Lebe wohl, theures Weib! Sei des Glaubens,
daß Nichts über die Zärtlichkeit geht, mit der Du
von mir geliebt wirst. Und ich? Kann ich noch
glücklicher sein, als ich es durch Deine Liebe bin!

Dein
Karl.

28.

Aus einem Briefe Mariens an Karl.

Dienstags Abend.

— — — — — — — — — —
— — — — — — — — — —

Nachdem ich in den vorstehenden Zeilen Be=
richt erstattet habe von den diesseitigen Zustän=
den, wie sie sich seit Deiner Abreise im Haus=
wesen gestaltet haben, so will ich zwar, wie es
einer gehorsamen Ehefrau ziemlich ist, Dir mei=
nen Dank abstatten für das im Schlosse — — ge=
führte Tagebuch, welches Du mit dem letzten
Briefe mitzutheilen die Güte gehabt hast; allein,
wenn ich auch von Herzen gern Alles thue, was
Du willst und ich kann, so wirst Du doch nicht
von mir verlangen wollen, ich solle Deine bogen=
reichen Denkblätter von A. bis Z. lesen, weil
ich's nicht kann, nicht mag, nicht will! Kennst
Du, mein theurer Karl, Deine Marie noch immer
nicht, trauest Du ihr so wenig Zartheit des weib=
lichen Sinnes, so wenig Gefühl für das, was die
Schranken der Sittsamkeit und des sittlichen Ver=
haltens festgestellt haben und sie von Verirrten
überschreiten läßt, zu, um Dich zu dem Glauben

verleiten zu können, Du dürfest Dir — heraus=
nehmen, mir, Deiner ehrsamen, Dich so innigst
liebenden Hauswirthin, nach zwei Richtungen so
höchst anstößige Schilderungen, wie sie diese Blät=
ter enthalten, vor Augen zu legen? Ich bediene
mich des Ausdrucks „herausnehmen" absichtlich
und mit Vorbedacht; ich hätte das Wort „wagen"
gebrauchen können; allein das ist mir nicht be=
zeichnend genug, weil es geeignet ist, meine Em=
pfindung des Mißbehagens abzuschwächen; darum
ziehe ich den gewählten, oder vielmehr den mir
aus der Seele in die Feder geflossenen Ausdruck
„herausnehmen" vor, um ihn Dir als wohlver=
diente Strafe aufzulegen! Ja, ich bedarf der größ=
ten Selbstüberwindung, um nicht die ruhige Hal=
tung zu überschreiten, die bei minderer Ruhe von
Rechtswegen und als eine Pflicht die Lust mich
anwandeln lassen könnte, Dir die sehr ernsthafte,
von Vorwürfen nicht unfreie Mahnung zuzurufen,
doch endlich, endlich Muth zu fassen zum Wieder=
glauben an weibliche Tugend, ein Glaube, der,
weiß ich es doch nur zu gut, bei Dir tief er=
schüttert ist durch Erfahrungen an einer Sklavin
des Fleisches, deren Gedächtniß in Deiner sonst
so vertrauungsvollen Seele zu tilgen das erste
und vornehmste Gesetz ist meiner Liebe zu Dir!

Du wirst das Zeugniß mir nicht versagen können, daß während der nunmehr beinahe sechsjährigen Dauer Deiner zweiten Ehe meiner Seits Nichts, auch nicht das Mindeste verabsäumt worden ist, Dir Deine Jugend zu vergegenwärtigen, in Deinem Erinnerungsvermögen das Gedächtniß an eine Katharina, an eine Marion aufzufrischen und Dich die Leiden vergessen zu machen, mit denen Deine Seele fast ein Vierteljahrhundert Deiner ersten Ehe belastet gewesen ist. Ist denn mein redliches, von der innigsten Liebe eingegebenes Streben ohne Erfolg, ist es unnütz gewesen? Du bist zu scharfsichtig, als daß Du nicht wahrnehmen solltest, daß ich den Ursprung des Hauptinhalts Deiner Denkblätter sogleich erkannt habe. Bietet sich Dir ein neuer Stoff, der Dir den ähnlichen der Vergangenheit vergegenwärtigt, so findest Du ein Wohlgefallen, sich seiner zu bemächtigen; wozu? Dich selbst zu kasteien, zu peinigen! Quäle Dich doch nicht länger mehr mit Vorstellungen vom Cultus des Fleisches, wie er in einzelnen Verirrten hervortritt. Und woher diese Erscheinung? Weil das Vergessen aller Religion die Vergessenheit aller Pflichten des Menschen gegen Gott und den Menschen im Gefolge hat. Ich kenne Dich, lieber Freund! Ich weiß, daß Deine Einbildungs-

kraft, lebhaft und empfänglich, wie sie ist, leicht
Reißaus nimmt und Dir Bilder vorgaukelt, nicht
wie sie sind, sondern wie Du sie Dir auf dem
Hintergrunde Deiner Erfahrungen und Leiden voll
Bitterkeit mit den schärfsten Säuren im Vorstel=
lungsvermögen einzuätzen liebst. Ich weiß auch,
daß der Sinn des Gehörs bei Dir, von jeher
nicht der schärfste, wie ich aus den Kinderjahren,
nämlich den meinigen, weiß, im Laufe der Jahre
geschwächt worden ist; und weil ich das weiß, so
glaube ich einigen Grund zu haben zu der Voraus=
setzung oder Muthmaßung, daß Du Dich, wenn
auch nicht in Allem, doch sicherlich in Vielem und
dem Meisten getäuscht habest, was durch Tapeten=
wand und Thürspalt an Dein Ohr geschlagen
und dann sofort mit der Hast, die ich an Dir
kenne, auf's Papier gebracht wurde. Warum?
Um Deinem Hange zur Selbstquälerei ein Genüge
zu leisten! Das ist von Dir, mein theurer Karl,
eine gar eigenthümliche Liebhaberei, die auch unter
der menschlichen Schwäche der Selbstsucht einzureihen
ist, gegen die Du immer so heftig zu Felde gezo=
gen bist, in voller Berechtigung. Ich zieh' es vor,
Dir zu mißfallen, als Dich zu täuschen, sei es
über was es wolle; und darum gesteh' ich es Dir
wiederholentlich, daß der Zug in Deinem lieben

Ich, an dem ich in diesem Fall auch nicht den
mindesten Theil haben will, geschweige Halbpart,
der Dich unaufhörlich treibt, nebelverschwommene
Bilder ferner und fernster Vergangenheit immer
wieder in Deiner Seele aufzufrischen, ein so ab=
sonderlicher und seltsamer ist, daß ich darüber,
um mich eines Jean Paul'schen Ausdrucks zu be=
dienen, mit dem einen Auge lachen und mit dem
andern weinen könnte, hätt' ich Dich, Herzens=
mann, nicht zu lieb, um Deine Grillen verlachen
zu können; nein, weinen will ich lieber mit bei=
den Augen über den Trübsinn, der Dich so oft
noch umschleicht in der Erinnerung dessen, was
weit, weit hinter Dir liegt, und von Deinen
Augen, den lieben, treuherzigen, die gespenster=
artigen Schatten hinwegküssen, die Du in der
Zauberlaterne Deiner Einbildungskraft erscheinen
lässest, zur eigenen Pein, zu meiner — Kränkung!
Wird es mir endlich gelingen? Ich hoffe nicht
auf des Himmels Gnade, sofern ich nicht meine
Pflichten gegen Gott und die Menschen erfülle;
die erste meiner Pflichten gegen Menschen aber
ist eine, die ich nicht erst zu nennen brauche.
Findest Du, theurer Mann, Ruhe nicht in Dir
selbst, oh, so suche sie an meiner Brust, flüchte
Dich an mein Herz, das ja auch das Deine ist.

Und die Sprache desselben erinnert mich an ein
altes Sprüchwort, das da lautet: Was Deines
Amts nicht ist, da laß' Deinen Vorwitz! Vorwitz
aber ist es, so will es mich bedünken, wenn Du
Dich in Familien = Angelegenheiten mischest, die
Dir, abgesehen von der alten Freundschaft zwi=
schen Dir und dem Baron Joseph von Y., ganz
fremd sind, und von denen ich gewünscht, nie
wären sie zu Deiner Kenntniß gekommen! Das
zarte Interesse, das Du an diesem Drama und
besonders an der Hauptactrice desselben nimmst,
läßt mich fürchten, daß es weiter gehen könne,
als es darf, als es bis jetzt vor Deinem innern
Auge klar geworden. Erinnere Dich, daß die
Wahrheit in der Welt niemals so viel Gutes stiftet,
als Schein und Heuchelei Böses anrichten. Und
kannst Du von dem, was Du einmal beschlossen,
nicht ablassen, nun, so wirst Du es Deinem
treuen Weibe schon gestatten müssen, Dich vor der
Ausführung Deines Entschlusses an drei Dinge
zu erinnern, die Du zu Rathe ziehen mögest: das
Gerechte, das Ehrbare, das Nützliche; und an
diese Dreiheit, die sich auf die Sache selbst bezieht,
knüpfe noch ein Viertes, die Vorsichtigkeit, in Be=
zug auf Dich, weil Du es mit feindlichen Mäch=
ten zu thun bekommst, in deren Bekämpfung so

Mancher unterlegen. Doch, weil wir Menschen-
kinder so unbeständig in unseren Entschlüssen sind,
und bald Dieses, bald Jenes wollen, so hoff' ich,
daß auch Du von Deinem Entschluß zurückkom-
men werdest, und mein geliebter Mann sich nicht
in Gefahren stürzen werde, die ihn schädigen könnten, ohne das Ziel des Guten zu erreichen, das
er sich vorgesetzt. Voltaire sagt irgendwo in einem
seiner Dichtwerke, ich glaube in la Prude:

> Une coquette est un vrai monstre à fuir;
> Mais une femme, et tendre, et belle et sage,
> De la nature est le plus digne ouvrage.

Fliehe die Burgfrau Agnes von Y., die noch
schlimmer ist als Voltaire's Coquette, und flüchte
Dich zu der, die sich bewußt ist, Dein zärtliches
Weib zu sein, ohne auf Schönheit und Weisheit
Anspruch machen zu können, noch es zu wollen,
selbst wenn es möglich wäre. Ich bin mit Dir
gar nicht zufrieden, daß Du Alexander's v. H.
Kosmos zu einer Modesache — herabgewürdiget
hast und Du den Lästerungen nicht mit größerer
Entschiedenheit entgegengetreten bist, die des illu-
stren Verfassers Charakter vom Baron Joseph von
Y. ausgesetzt gewesen. In der Richtung lob' ich
mir die Burgfrau und den Burgkaplan, die sich
des großen Zeitgenossen mit größerer Wärme an-

genommen haben, als Du Undankbarer, der von
Herrn von Humboldt Freund genannt wird.
Haft Du sogar selbst den Joseph noch bestärkt in
seinem vorwitzigen Urtheile, indem Du die dumme
Geschichte von wegen des Brüsseler Geologen zum
Besten gegeben haft. Ich hoffe, ja ich verlange, —
falls dieser Brief Dich noch auf dem Schlosse — —
erreicht, — daß Du die erste Gelegenheit wahr=
nehmen werdest, das Gespräch auf Herrn von
Humboldt zu bringen und im Kreise der Familie.
von Y. wieder gut zu machen, was Du verdorben,
unwillkürlich, das weiß ich. Redlich und bieder
ist der Mensch, der Gutes thut, so viel er vermag,
und Niemand Böses zufügt, und wenn dies doch
geschehen, es auszumerzen sucht; und besser ist
schweigen und kein Wort sagen, als den Mund öff=
nen zu Dummheiten und Lästerungen. Mein Karl
wird seiner Marie nicht ein zornig Gesicht schnei=
den, daß sie sich in aller Ehrerbietigkeit vor
dem gestrengen Herrn Gemahl unterfängt, ihm
Moral zu predigen. In den süßen Verzückungen,
in denen sich meine Seele verirrt, wenn ich Deiner
denke und mit Dir plaudere, verirrt sich bislang
auch die Zunge und die Feder zu Aeußerungen,
die auf den ersten Blick vielleicht nicht gefallen;
wenn Du aber, mein theurer Freund, länger zu=

schauſt und dann gewahr wirſt, daß ſie aus einem
liebenden Herzen fließen, das in Feuer und
Flammen für dich brennt, dann wirſt Du Nach=
ſicht walten laſſen gegen Dein gehorſames Weib;
zugleich aber auch deſſen innigſten Wunſches ein=
gedenk ſein, bald, recht bald heimzukehren.

Für die Ewigkeit   Deine

Marie.

N. S. Wenn die katholiſche Kirche mehrere
von derartigen Freidenkern, wie der Burgkaplan
von Schloß — — einer iſt, zu Dienern hat, ſo
begreif' ich nicht, wie ihr Gebäude, das auf un=
verwüſtlichem Fundament in neuerer Zeit wieder
ſo feſt zuſammengemauert zu ſein ſcheint, noch
beſtehen kann und nicht ſchon längſt zuſammen=
geſtürzt iſt. Seine philoſophiſchen Betrachtungen,
die Du in Deinen Denkblättern niedergelegt haſt,
geben, wenn man auch nicht mit allen einver=
ſtanden ſein kann, zum Nachdenken Anlaß. Was
ſoll man aber zu dem verrätheriſchen, ſcheußlichen
Unternehmen ſagen, bei deſſen Ausführung er
zum Werkzeug erkoren iſt? Iſt hinter dieſem
Vorhange weltlicher Bereicherung der Kirchen=
gewalt ein großer Gedanke verborgen? Etwa

Emancipation von Rom, Stärkung der Landes=
kirche durch Güterbesitz zur Erringung politischer
Bedeutsamkeit und Macht? Der drängenden Ge=
walt des allgemeinen Geistes kann auf die Länge
und die Ferne auch die Priesterschaft nicht Wider=
stand leisten.

Vergiß nicht, lieber Karl, mich beim Baron
Joseph zum freundlichen Andenken bestens zu
empfehlen. Der Burgfrau wirst Du auch einen
Gruß bestellen müssen, denn neugierig, wie wir
Evens Töchter nun einmal sind, wird sie früher
als Du es wissen, daß Du einen Brief, und
zwar mit Aufschrift von weiblicher Hand empfangen
hast. Da wird sie fragen und forschen, von wem
der Brief sei; grüße sie also von mir, was sie
nur verdient, weil sie meinen Karl mit so liebens=
würdiger Gastfreundschaft aufgenommen hat. Im
Uebrigen veracht' ich das Weib! Der Mathilde
von Z., dem „lieblichen Kinde" — (ei, ei, Herr
Gemahl, auf welchem Urtheilspfade ertapp' ich
Sie!) — sage viel Schönes von mir; ist's ihr
Ernst, zum Besuch zu kommen nach dem Obula=
ufer, so lade sie auch in meinem Namen ein.
August ist wohl, heute in —. Auch Freund
Pietsch ist wohl, aber härmt sich, daß Du nicht

da bist. Jeden Morgen setzt er sich im Garten auf die oberste Terrasse, und schaut hinüber nach dem Bahnhofe, in der Erwartung, Du werdest endlich aus dessen Thor treten.

M.

Ende des achten Bandes.